꼭 알아야할 고사&사자성어를 사

알기쉬운

학생·직장인·각종 수험생의 필독서!!

고사성어

수능·논술·취업·면접대비

사자성어

김 호 인 엮음
중앙교육출제위원

도서출판 윤미디어
YUN MEDIA PUBLISHING CO.

머리말

고사성어는 선인들이 우리에게 물려준 정신적 문화유산이다.

고사성어는 중국에서 그 출전을 살펴볼 수 있는데 요즘 세상에 한두 개의 고사성어를 알지 못하면 부끄럽기까지 하는 세상이고 보면 고사성어가 우리 생활에 얼마만큼 깊숙이 파고 들었는지를 알 수 있다.

교육 정책이 바뀌면서 고사성어에 대한 인식이 새롭게 떠오르고 있는데, 이는 현대를 살아가는 사람들에게 고사성어가 고유하게 가지고 있는 의미의 함축성 때문에 새롭게 인식되어지는 것일 것이다.

고사성어 속에는 우리가 살아가면서 배워야 할 지혜와 철학이 있고, 인생의 참다운 의미가 담겨 있다.

이 책에는 고사 성어 중에서 주옥같은 명구들만 뽑아서 엮어 놓았다. 고사성어를 이해하고 지식을 쌓아가는데 도움이 되길 바란다.

\- 편집부 -

차 례

ㄱ

가감지인　可堪之人

옳을 가 견딜 감 갈 지 사람 인

〖풀이〗 어려운 일을 무난히 감당할 만한 사람을 일컫는 말.

가계야치　家鷄野雉

집 가 닭 계 들 야 꿩 치

〖풀이〗 집에서 기르는 닭과 산의 꿩을 뜻하는 것으로, 자기 집의 것은 하찮게 여기고 남의 집 것만 좋게 여김을 비유하는 말.

ㄱ

가고가하 可高可下

옳을가 높을고 옳을가 아래하

〖풀이〗 어진 사람은 지위의 높고 낮음을 가리지 않는다는 말.

가급인족 家給人足

집가 넉넉할급 사람인 발족

〖풀이〗 누구나 모두 살림이 넉넉하고 먹고 입는 데 부족함 없이 생활이 풍족하다는 말.

가기이방 可欺以方

옳을가 속일기 써이 모방

〖풀이〗 그럴 듯한 방법과 술책으로 남을 속일 수 있다는 말.

가담항설 街談巷說

거리 **가** 이야기 **담** 마을 **항** 이야기 **설**

〖풀이〗 거리나 마을에서 함부로 지껄이는 말을 뜻하는 것으로, 장소를 가리지 않고 아무 곳에서나 함부로 논의되는 말을 이른다.

가렴주구 苛斂誅求

가혹할 **가** 거둘 **렴** 벨 **주** 구할 **구**

〖풀이〗 '가렴'은 가혹한 세금의 징수를 가리키며, '주구'는 백성의 재물을 함부로 빼앗는다는 뜻으로, 가혹하게 세금을 징수하여 백성의 갖가지 재물을 빼앗는다는 말.

가롱성진 假弄成眞

거짓 **가** 희롱할 **롱** 이룰 **성** 참 **진**

〖풀이〗 생각 없이 농담으로 한 말이 끝에 가서 사실로 바뀐다는 말.

ㄱ

가빈즉사양처 家貧則思良妻

집 **가** 가난할 **빈** 곧 **즉** 생각할 **사** 좋을 **양** 아내 **처**

【풀이】 집이 가난해지면 살림을 잘하는 아내를 생각한다는 뜻으로, 어려움이 닥치면 그것을 도와주는 사람이 나타나길 바라는 것을 말한다.

가인박명 佳人薄命

아름다울 **가** 사람 **인** 엷을 **박** 목숨 **명**

【풀이】 아름다운 여인은 대개 불행하거나 명이 짧다는 뜻으로, 재주가 많고 뛰어난 사람의 운명이 뜻밖으로 평탄하지 않을 때 쓰는 말.

가정맹어호 苛政猛於虎

가혹할 **가** 정사 **정** 사나울 **맹** 어조사 **어** 범 **호**

【풀이】 가혹한 정치는 호랑이보다 더 사납다는 것을 이르는 말로, 정치가 잘못되어 사람을 해치는 것은 호랑이가 사람을 잡아 죽이는 것보다 더욱 견디기 힘들다는 뜻. 즉, 그릇된 정치의 폐해를 가리킨다.

각골난망 刻骨難忘

새길 **각** 뼈 **골** 어려울 **난** 잊을 **망**

【풀이】 남에게 입은 은혜를 뼈에 깊이 새기어 잊지 않는다는 말.

각박성가 刻薄成家

새길 **각** 얇을 **박** 이룰 **성** 집 **가**

【풀이】 몰인정하게 온갖 인색한 짓을 다한 끝에 부자가 되었다는 말.

각자무치 角者無齒

뿔 **각** 사람 **자** 없을 **무** 이 **치**

【풀이】 뿔이 있는 자는 이가 없다는 뜻으로, 한 사람이 모든 것을 고루 갖추지는 못한다는 말.

ㄱ

각자위정 各自爲政

각각 **각** 스스로 **자** 할 **위** 정사 **정**

〖풀이〗 사람마다 자기 마음대로 행동한다는 뜻으로, 사람이 인간관계에서 전체와의 조화나 협력을 고려하지 않으면 그 결과가 뻔함을 이르는 말.

각주구검 刻舟求劍

새길 **각** 배 **주** 구할 **구** 칼 **검**

〖풀이〗 칼이 물에 빠지자 배에 표시를 새긴 뒤 칼을 찾는다는 뜻으로,어리석고 짧은 지식에 얽매여 일을 그르치는 경우를 말한다. 즉, 미련하여 융통성이 없음을 이르는 말.

간국지기 幹國之器

줄기 **간** 나라 **국** 갈 **지** 그릇 **기**

〖풀이〗 나라를 다스리는 재능을 가진 사람이란 뜻으로, 국정을 담당할 수 있는 그릇을 말한다.

ㄱ

간기인물 間氣人物

사이 **간** 기운 **기** 사람 **인** 만물 **물**

〖풀이〗 세상에 보기 드문 아주 뛰어난 기품을 지닌 사람을 이르는 말.

간담상조 肝膽相照

간 **간** 쓸개 **담** 서로 **상** 비출 **조**

〖풀이〗 간과 쓸개가 밖으로 드러나 햇볕을 쬔다는 뜻으로, 서로의 진심이 통하고 알려지거나 서로 마음을 터놓고 진심으로 사귈 때 쓰는 말.

간담초월 肝膽楚越

간 **간** 쓸개 **담** 모형 **초** 남을 **월**

〖풀이〗 견해가 다르면 밀접한 관계에 있는 것도 멀게 보이고 또 서로 다른 것도 같은 것으로 보임을 비유하는 말.

ㄱ

간불용발 間不容髮

사이 **간** 아닐 **불** 얼굴 **용** 터럭 **발**

〖풀이〗 머리털 하나 들어갈 틈도 없다는 뜻으로, 아주 치밀하여 조금도 빈틈이 없다는 말.

간성난색 姦聲亂色

간사할 **간** 목소리 **성** 어지러울 **란** 빛 **색**

〖풀이〗 간사한 목소리는 귀를 어지럽히고 잘못된 빛깔은 눈을 어지럽게 한다는 말.

간성지재 干城之材

방패 **간** 도읍 **성** 갈 **지** 재목 **재**

〖풀이〗 방패와 성 같은 역할을 할 수 있는 뛰어난 인재를 이르는 말.

간어제초 間於齊楚

사이 **간** 어조사 **어** 제나라 **제** 초나라 **초**

【풀이】 제(齊)나라와 초(楚)나라 사이에 낀다는 뜻으로, 약한 자가 강한 자들의 틈에 끼여 괴로움을 당하는 것을 가리키는 말.

간장막야 干將莫耶

방패 **간** 거느릴·장수 **장** 아닐 **막** 어조사 **야**

【풀이】 막야는 간장의 아내 이름으로 대장장이인 간장이 만든 두 자루의 명검이다. 명검도 사람의 손길이 가야 비로소 빛이 난다는 뜻으로, 사람도 학문을 갈고 닦아야 성공할 수 있다는 말.

갈구이상 葛屨履霜

칡 **갈** 신 **구** 신 **이** 서리 **상**

【풀이】 칡으로 삼은 신을 신고 찬서리를 밟고 간다는 뜻으로, 몹시 인색함을 이르는 말로 구두쇠를 가리킨다.

ㄱ

갈이천정 渴而穿井

목마를**갈** 말이을**이** 뚫을**천** 우물**정**

〖풀이〗 목이 마른 뒤에야 우물을 판다는 뜻으로, 일을 미리 준비하지 않으면 이미 때가 늦어서 낭패한다는 말.

감개무량 感慨無量

느낄**감** 분개할**개** 없을**무** 양**량**

〖풀이〗 사물에 대한 온갖 회포의 느낌이 한없이 깊고 크다는 말.

감당지애 甘棠之愛

달**감** 팥배나무**당** 갈**지** 사랑**애**

〖풀이〗 좋은 정치를 행하는 관리에 대한 존경과 믿음의 정이 깊음을 이르는 말.

감언이설 甘言利說

달**감** 말씀**언** 이로울**리** 말씀**설**

〖풀이〗 상대의 비위에 맞도록 달콤하게 꾸며내는 말과 이로운 조건을 내세워 그럴듯하게 꾀는 말을 뜻함.

감정지와 坎井之蛙

구덩이**감** 우물**정** 갈**지** 개구리**와**

〖풀이〗 우물 안의 개구리처럼 바깥 세상을 모른다는 뜻으로, 식견이 좁은 사람을 비유한 말.

감탄고토 甘呑苦吐

달**감** 삼길**탄** 쓸**고** 뱉을**토**

〖풀이〗 달면 삼키고 쓰면 뱉는다는 뜻으로, 사리의 옳고 그름을 돌보지 않고 자기 비위에 맞으면 좋아하고 맞지 않으면 싫어한다는 말.

ㄱ

강노지말 强弩之末

강할 **강** 쇠뇌 **노** 갈 **지** 끝 **말**

〖풀이〗 힘차게 나간 화살도 나중에는 힘없이 떨어진다는 뜻으로, 아무리 강대하던 것도 시간이 지나면서 힘을 잃고 쇠약해졌음을 비유하는 말.

강류석부전 江流石不轉

강 **강** 흐를 **류** 돌 **석** 아닌가 **부** 구를 **전**

〖풀이〗 강물은 흘러도 돌은 구르지 않는다는 뜻으로, 양반은 환경의 변화에 함부로 움직이지 않는다는 것을 비유한 말.

강안여자 强顔女子

굳셀 **강** 얼굴 **안** 여자 **여** 아들 **자**

〖풀이〗 얼굴이 너무 두껍다는 뜻으로, 낯가죽이 너무 두껍고 뻔뻔스러워서 부끄러워할 줄을 모른다는 말.

ㄱ

강약부동 強弱不同

굳셀 **강** 약할 **약** 아닌가 **부** 같을 **동**

【풀이】 한쪽은 강하고 한쪽은 약하여 도무지 상대가 되지 않는다는 말.

강호연파 江湖煙波

강 **강** 호수 **호** 연기 **연** 물결 **파**

【풀이】 강이나 호수 위에 안개처럼 뽀얗게 서리는 잔물결을 이르는 말.

개과불린 改過不吝

고칠 **개** 지날 **과** 아닐 **불** 인색할 **린**

【풀이】 잘못이 있으면 조금도 주저하지 말고 즉시 고치라는 뜻.

ㄱ

개과천선 改過遷善

고칠 **개** 허물 **과** 옮길 **천** 착할 **선**

【풀이】 지나간 허물을 고치고 착한 사람이 된다는 뜻으로, 나쁜 짓을 하던 악한 사람이 착한 일을 하는 선한 자로 탈바꿈하는 것을 말한다.

개관사시정 蓋棺事始定

덮을 **개** 입관할 **관** 일 **사** 비로소 **시** 정할 **정**

【풀이】 관의 뚜껑을 덮어야 비로소 일이 전해진다는 뜻으로, 사람에 대한 평가란 모든 일이 완전히 끝나기 전에는 아무도 모른다는 말.

개문납적 開門納賊

열 **개** 문 **문** 바칠 **납** 도둑질할 **적**

【풀이】 문을 열어 도둑을 맞아들인다는 뜻으로, 스스로 화를 만든다는 비유의 말.

ㄱ

객반위주 客反爲主

손**객** 되받을**반** 할**위** 주인**주**

〖풀이〗 손님이 도리어 주인 노릇을 한다는 말. 주객전도와 같은 뜻.

거관유독 去官留犢

갈**거** 벼슬**관** 머무를**유** 송아지**독**

〖풀이〗 벼슬에서 물러날 때 송아지를 두고 간다는 뜻으로, 벼슬에 있는 사람은 청렴결백해야 한다는 말.

거두절미 去頭截尾

갈**거** 머리**두** 끊을**절** 꼬리**미**

〖풀이〗 머리와 꼬리는 잘라내고 요점만 부각시킨다는 말.

ㄱ

거안사위 居安思危

있을 **거** 편안할 **안** 생각할 **사** 위태할 **위**

〖풀이〗 평안할 때에도 항상 닥쳐올 위험에 대해 생각한다는 뜻으로, 재난에 대한 준비가 미리 되어 있으면 재난을 능히 물리칠 수 있다는 말.

거안제미 擧案齊眉

들 **거** 책상 **안** 가지런히할 **제** 눈썹 **미**

〖풀이〗 밥상을 들어 눈썹에 맞춘다는 뜻으로, 아내가 남편을 지극히 공경함을 이르는 말.

거일반삼 擧一反三

들 **거** 한 **일** 되돌릴 **반** 석 **삼**

〖풀이〗 하나를 들어 세 가지를 돌이킨다는 뜻으로, 스승으로부터 하나를 배우면 다른 것까지도 유추해서 아는 것을 비유하는 말.

거자불추 내자불거 去者不追 來者不拒

갈**거** 놈**자** 아닐**불** 쫓을**추** 올**래** 놈**자** 아닐**불** 물리칠**거**

〖풀이〗 가는 사람 붙잡지 말고 오는 사람은 물리치지 말라는 뜻으로, 가는 사람이든 오는 사람이든 간에 당사자의 자유의사에 맡긴다는 말.

거자일소 去者日疎

갈**거** 놈**자** 날**일** 소통할**소**

〖풀이〗 죽은 사람은 날이 갈수록 점점 잊어버리게 된다는 뜻으로, 서로 멀리 떨어져 있으면 점점 사이가 멀어짐을 이르는 말.

거재두량 車載斗量

수레**거** 실을**재** 말**두** 헤아릴**량**

〖풀이〗 수레에 싣고 말로 된다는 뜻으로, 물건이나 인재 등이 너무 많아 귀하지 않거나 평범함을 비유하는 말.

ㄱ

거총사위 居寵思危

있을 **거** 사랑할 **총** 생각할 **사** 위태할 **위**

〖풀이〗 뜻을 이루었을 때는 앞으로 실의할 때도 있을 것을 생각하여 조심하라는 말.

건곤일척 乾坤一擲

하늘 **건** 땅 **곤** 한 **일** 던질 **척**

〖풀이〗 하늘과 땅을 걸고 한 번 주사위를 던진다는 뜻으로, 운명과 흥망을 걸고 성패나 승부에 결정적인 영향을 주는 한판걸이의 행동을 말한다.

건목수생 乾木水生

마를 **건** 나무 **목** 물 **수** 날 **생**

〖풀이〗 마른 나무에서 물이 나게 한다는 뜻으로, 아무것도 없는 사람한테 무엇을 내라고 무리하게 요구함을 이르는 말.

걸견폐요 桀犬吠堯

걸임금 **걸** 개 **견** 짖을 **폐** 요임금 **요**

〖풀이〗 걸 임금의 개는 요 임금을 보고도 짖는다는 뜻으로, 사람의 선악을 가리지 않고 각각 그 주인에게 충성을 다한다는 말.

걸인연천 乞人憐天

빌 **걸** 사람 **인** 불쌍히여길 **련** 하늘 **천**

〖풀이〗 거지가 하늘을 불쌍히 여긴다는 뜻으로, 불행한 처지에 놓여 있는 사람이 부질없이 행복한 사람을 동정한다는 말.

걸해골 乞骸骨

빌 **걸** 뼈 **해** 뼈 **골**

〖풀이〗 해골을 빌다는 뜻으로, 늙은 재상이 나이가 많아 벼슬살이가 어려울 때 임금에게 그만두기를 청원함을 이르는 말.

검려지기 黔驢之技

검을**검** 당나귀**려** 갈**지** 재주**기**

〖풀이〗 당나귀의 뒷발질을 뜻하는 것으로, 가지고 있던 쥐꼬리만한 재주마저 바닥이 드러났다는 말.

격강천리 隔江千里

사이뜰**격** 강**강** 일천**천** 마을**리**

〖풀이〗 강을 사이에 두고 있어서 자주 내왕을 할 수 없어 천리길이나 떨어져 있음과 같다는 말.

격물치지 格物致知

바로잡을**격** 만물**물** 보낼**치** 알**지**

〖풀이〗 옛날 대학 교과를 습득하는 일을 뜻하는 것으로, 사물의 본질이나 이치를 끝까지 연구하여 많은 지식을 연마한다는 말.

격세지감 隔世之感

사이뜰 **격** 세상 **세** 갈 **지** 느낄 **감**

〖풀이〗 그리 오래 되지 않았는데도 전보다 변화가 심하여 다른 세상처럼 몹시 달라진 느낌을 말함.

격화소양 隔靴搔痒

사이뜰 **격** 신 **화** 긁을 **소** 앓을 **양**

〖풀이〗 신을 신고 발바닥을 긁는다는 뜻으로, 마음으로는 애써 하려 하나 아무리 해도 실제 효과는 얻지 못한다는 말.

견강부회 牽强附會

끌 **견** 굳셀 **강** 붙을 **부** 모일 **회**

〖풀이〗 '견강' 도 '부회' 도 전부 억지로 끌어다 붙이는 것을 뜻하며, 가당치도 않은 말을 자기에게 유리하도록 억지로 갖다 붙이는 것을 말한다.

ㄱ

견란구시 見卵求時

볼 **견** 알 **란** 구할 **구** 때 **시**

〖풀이〗 계란을 보고 밤에 시간을 묻는다는 뜻으로, 미처 일이 이루어지기도 전에 결과부터 보려는 몹시 급한 성격을 비유하는 말.

견리사의 見利思義

볼 **견** 이익 **리** 생각할 **사** 의리 **의**

〖풀이〗 눈앞에 이익이 있을 때 마음을 비우고 의리를 생각한다는 말.

견마지로 犬馬之勞

개 **견** 말 **마** 갈 **지** 수고할 **로**

〖풀이〗 개나 말이 주인에게 충성을 다하는 것과 같이 온 정성을 다하여 일을 하며 받든다는 뜻.

ㄱ

견마지향 犬馬之養

개견 말마 갈지 기를양

〖풀이〗 개나 말을 기를 때에도 먹이는 주는 법이란 뜻으로, 부모를 소홀히 대접하고 공경치 않는 것을 두고 하는 말.

견문발검 見蚊拔劍

볼견 모기문 뺄발 칼검

〖풀이〗 모기를 보고 칼을 뺀다는 뜻으로, 어떤 일에 합리적으로 대응하지 못하는 것을 말함.

견물생심 見物生心

볼견 물건물 날생 마음심

〖풀이〗 좋은 물건을 보면 욕심이 생긴다는 말.

ㄱ

견원지간 犬猿之間

개 **견** 원숭이 **원** 갈 **지** 사이 **간**

〖풀이〗 개와 원숭이의 사이처럼 몹시 사이가 나쁜 관계를 말함.

견인불발 堅忍不拔

굳을 **견** 참을 **인** 아닐 **불** 뺄 **발**

〖풀이〗 굳게 참고 끝까지 버티어 마음이 흔들리거나 정신을 빼앗기지 아니한다는 말.

견토지쟁 犬兎之爭

개 **견** 토끼 **토** 갈 **지** 다툴 **쟁**

〖풀이〗 개와 토끼의 싸움을 말하는 것으로, 두 사람이 싸우다 지치는 바람에 제삼자가 이득을 본다는 뜻으로, 쓸데없는 싸움을 비유하는 말.

ㄱ

결자해지 結者解之

맺을 **결** 놈 **자** 풀 **해** 갈 **지**

〖풀이〗 맺은 사람이 그 매듭을 푼다는 뜻으로, 처음 시작한 사람이 일의 끝을 마무리한다는 말.

결초보은 結草報恩

맺을 **결** 풀 **초** 갚을 **보** 은혜 **은**

〖풀이〗 풀을 엮어서 은혜를 갚는다는 뜻으로, 죽은 뒤에도 은혜를 잊지 않고 반드시 갚겠다는 말.

겸청즉명 편신즉암 兼聽則明 偏信則暗

겸할 **겸** 들을 **청** 곧 **즉** 밝을 **명** 치우칠 **편** 믿을 **신** 곧 **즉** 어두울 **암**

〖풀이〗 여러 방면의 의견을 들으면 현명해지고 한 방면의 말만 들으면 어두워진다는 뜻으로, 개별적이고 일방적으로 한 쪽 이야기만 들으면 어리석어지고 종합적이고 총체적으로 여러 이야기를 들으면 총명해진다는 말.

ㄱ

경개여고 傾蓋如故

기울**경** 덮을**개** 같을**여** 옛**고**

〖풀이〗 만난지 얼마 되지 않았는데도 오래 전에 만난 친구처럼 스스럼없이 친해지는 것을 뜻함.

경국지대업 經國之大業

다스릴**경** 나라**국** 갈**지** 큰**대** 업**업**

〖풀이〗 나라를 다스리는 큰 사업을 뜻하는 것으로, 문장이나 학문을 가리켜 이르는 말.

경국지색 傾國之色

기울**경** 나라**국** 갈**지** 빛**색**

〖풀이〗 나라 안에 으뜸가는 미인을 뜻하는 것으로, 임금이 반하여 나라가 뒤집혀도 모를 정도로 뛰어나게 예쁜 미인을 말한다.

경당문노 耕當問奴

갈 **경** 마땅할 **당** 물을 **문** 사내종 **노**

〖풀이〗 농사짓는 일은 머슴에게 물어야 한다는 뜻으로, 모르는 일은 잘 아는 사람에게 물어 보는 것이 좋다는 말.

경원 敬遠

공경할 **경** 멀 **원**

〖풀이〗 상대방을 공경하되 가까이하지 않는다는 뜻으로, 상대방을 겉으로는 공경하는 체하나 속마음으로는 꺼리고 멀리함을 이른다.

경적필패 輕敵必敗

가벼울 **경** 원수 **적** 반드시 **필** 패할 **패**

〖풀이〗 적을 업신 여기면 반드시 실패한다는 뜻으로, 적에 대하여 스스로 높이고 스스로 큰 체하지 말고 충분한 준비와 각성이 있어야 된다는 말.

ㄱ

경전하사 鯨戰蝦死

고래 **경** 싸움 **전** 새우 **하** 죽을 **사**

〖풀이〗 고래 싸움에 엉뚱하게 새우등이 터진다는 뜻.

경천동지 驚天動地

놀랄 **경** 하늘 **천** 움직일 **동** 땅 **지**

〖풀이〗 하늘을 놀라게 하거나 땅을 뒤흔든다는 뜻으로, 세상이 몹시 놀라거나 기적 같은 것이 일어남을 이르는 말.

경천애인 敬天愛人

공경할 **경** 하늘 **천** 사랑 **애** 사람 **인**

〖풀이〗 하늘을 공경하고 사람을 사랑한다는 말.

ㄱ

경화수월 鏡花水月

거울**경** 꽃**화** 물**수** 달**월**

〖풀이〗 거울에 비친 꽃과 물 위에 비친 달처럼 볼 수는 있으나 가질 수는 없는 것을 비유하는 말.

경황망조 驚惶罔措

놀랄**경** 두려워할**황** 없을**망** 놓을**조**

〖풀이〗 놀라고 두려워 어리둥절하며 허둥지둥 어찌 할 줄을 모른다는 말.

계구우후 鷄口牛後

닭**계** 입**구** 소**우** 뒤**후**

〖풀이〗 닭의 주둥이와 소의 꼬리를 뜻하는 것으로, 닭의 부리는 되어도 소의 꼬리는 되지 말라는 말로, 작은 조직의 우두머리가 될지언정 큰 조직의 졸개가 되지 말라는 말.

ㄱ

계군일학 鷄群一鶴

닭 **계** 무리 **군** 한 **일** 학 **학**

〖풀이〗 닭이 떼지어 있는 곳에 한 마리 학이 있다는 뜻으로, 평범한 사람들 가운데 뛰어난 인재가 한 명 섞여 있어서 매우 돋보인다는 말.

계란유골 鷄卵有骨

닭 **계** 알 **란** 있을 **유** 뼈 **골**

〖풀이〗 달걀에도 뼈가 있다는 뜻으로, 운수가 나쁜 사람의 일은 모처럼 좋은 기회가 와도 무엇 하나 뜻대로 되는 일이 없을 때를 가리키는 말.

계륵 鷄肋

닭 **계** 갈빗대 **륵**

〖풀이〗 먹자니 살코기가 없고 버리자니 아까운 닭갈비를 뜻하는 것으로, 별로 쓸모가 없기는 하지만 남을 주거나 버리기는 아까운 마음을 비유하는 말.

계림일지 桂林一枝

계수나무**계** 수풀**림** 한**일** 가지**지**

〖풀이〗 계수나무 숲 속에서 가지 하나를 꺾는 것에 불과하다는 뜻으로, 수많은 관직 가운데 미관말직을 얻는데 지나지 않는다는 말.

계명구도 鷄鳴狗盜

닭**계** 울**명** 개**구** 도둑**도**

〖풀이〗 닭처럼 울고 개처럼 들어가 좀도둑질을 한다는 뜻으로, 아무리 미천한 사람도 작은 재주가 있으면 남을 도울 수 있다는 말.

계옥지수 桂玉之愁

계수나무**계** 옥**옥** 갈**지** 근심**수**

〖풀이〗 계옥으로 살아가는 근심이라는 뜻으로, 타국에서 사는 괴로움을 이르는 말. '계옥(桂玉)'은 땔나무는 계수나무와 같고 쌀은 옥과 같다는 뜻으로, 생활이 매우 곤궁함을 이르는 말.

ㄱ

계주생면 槃酒生面

계약할 **계** 술 **주** 날 **생** 얼굴 **면**

〖풀이〗 곗술로 생색을 낸다는 뜻으로, 여러 사람의 것을 가지고 자기가 생색을 낸다는 말.

계찰괘검 季札掛劍

끝 **계** 편지 **찰** 걸 **괘** 칼 **검**

〖풀이〗 계찰이 칼을 걸어 놓는다는 뜻으로, 신의를 가장 중요하게 여길 때 비유하는 말.

계포일락 季布一諾

끝 **계** 베 **포** 한 **일** 대답할 **락**

〖풀이〗 계포가 승낙한 한 마디의 말을 뜻하는 것으로, 한 번 약속을 하면 반드시 지킨다는 말.

ㄱ

고굉지신 股肱之臣

넓적다리 **고** 팔뚝 **굉** 갈 **지** 신하 **신**

〖풀이〗 다리와 팔뚝 같은 신하를 뜻하는 것으로, 임금이 가장 아끼고 신뢰하는 신하를 말한다.

고대광실 高臺廣室

높을 **고** 대 **대** 넓을 **광** 집 **실**

〖풀이〗 고래등 같은 기와집이라는 뜻으로, 규모가 굉장히 크고 좋은 집을 말함.

고량진미 膏粱珍味

기름질 **고** 들보 **량** 보배 **진** 맛볼 **미**

〖풀이〗 기름진 고기와 곡식으로 만든 맛있는 음식을 말함.

ㄱ

고마문령 瞽馬聞鈴

소경 **고** 말 **마** 들을 **문** 방울 **령**

〖풀이〗 눈먼 망아지가 방울 소리만 듣고 따라간다는 뜻으로, 덮어놓고 남이 하는 대로 따라 함을 이르는 말.

고망착호 藁網捉虎

짚 **고** 그물 **망** 잡을 **착** 범 **호**

〖풀이〗 썩은 새끼줄로 범을 잡는다는 뜻으로, 어수룩하고 허술한 준비로 큰 일을 계획하는 어리석음을 비유한 말.

고복격양 鼓腹擊壤

북 **고** 배 **복** 칠 **격** 땅 **양**

〖풀이〗 배를 북 삼아 두드리고 격양 놀이를 즐긴다는 뜻이다. 즉, 아무것도 부럽지 않은 풍족한 생활을 비유하는 말로, 태평성대를 이르는 말.

ㄱ

고성낙일 孤城落日

외로울 **고** 성 **성** 떨어질 **낙** 날 **일**

【풀이】 고립된 성과 해가 지는 낙조를 뜻하는 것으로, 기운도 떨어지고 도와주는 사람도 없는 처량한 신세를 비유하는 말.

고시활보 高視闊步

높을 **고** 볼 **시** 넓을 **활** 걸음 **보**

【풀이】 높은 곳을 바라보며 성큼성큼 걸어간다는 뜻으로, 기개가 매우 뛰어남을 비유한 말.

고신원루 孤臣冤淚

외로울 **고** 신하 **신** 원통할 **원** 눈물 **루**

【풀이】 임금의 신임을 잃게 된 신하의 원통한 눈물을 이르는 말.

ㄱ

고신척영 孤身隻影

외로울 **고** 몸 **신** 하나 **척** 그림자 **영**

【풀이】 외로운 몸과 하나의 그림자뿐이라는 뜻으로, 발붙일 곳 없이 떠도는 외로운 신세를 이르는 말.

고운야학 孤雲野鶴

외로울 **고** 구름 **운** 들 **야** 학 **학**

【풀이】 외롭게 떠 있는 구름과 무리에서 벗어난 학이라는 뜻으로, 벼슬을 하지 않고 한가롭게 지내는 선비를 이르는 말.

고육지계 苦肉之計

괴로울 **고** 고기 **육** 갈 **지** 계산 **계**

【풀이】 궁한 처지에 몰려 상대편을 속이기 위하여 자기 몸을 괴롭히면서까지 꾸미는 계책을 이르는 말.

ㄱ

고장난명 孤掌難鳴

외로울**고** 손바닥**장** 어려울**난** 울**명**

〖풀이〗 손바닥 하나로는 소리를 내지 못한다는 뜻으로, 혼자서는 일을 하지 못함을 이르는 말.

고주일배 苦酒一杯

괴로울**고** 술**주** 한**일** 잔**배**

〖풀이〗 대접하는 술이 변변치 못하다 하여 겸손하게 이르는 말.

고진감래 苦盡甘來

괴로울**고** 다할**진** 달**감** 올**래**

〖풀이〗 쓴 것이 다하면 단 것이 온다는 뜻으로, 고생한 끝에는 그 보람으로 즐거움이 있게 됨을 이르는 말.

ㄱ

고침단명 高枕短命

기름 **고** 베개 **침** 모자랄 **단** 목숨 **명**

【풀이】 베개를 높이 베고 잠을 자면 명(命)이 짧다는 말.

고침사지 高枕肆志

기름 **고** 베개 **침** 방자할 **사** 뜻 **지**

【풀이】 베게를 높이 베고 누워 마음대로 한다는 뜻으로, 재산이 많아 놀고 지냄을 이르는 말.

고침안면 高枕安眠

높을 **고** 베개 **침** 편안할 **안** 잘 **면**

【풀이】 베개를 높이하고 편안하게 잠을 잔다는 뜻으로, 근심이나 걱정 없이 편히 살아가는 것을 말함.

ㄱ

고화자전 膏火自煎

기름 **고** 불 **화** 스스로 **자** 달일 **전**

〖풀이〗 기름 등불이 스스로 저를 태워 없애는 것과 같이 재주 있는 사람이 그 재주로 인해서 화(禍)를 입는 것을 비유하는 말.

고희 古稀

옛 **고** 드물 **희**

〖풀이〗 예로부터 드문 것을 뜻하며, 70세를 고희라 칭한다. 즉, 옛날부터 사람이 70세가 되도록 사는 것은 드물다는 말.

곡격견마 轂擊肩摩

바퀴 **곡** 부딪칠 **격** 어깨 **견** 갈 **마**

〖풀이〗 수레바퀴 통이 부딪치고 어깨가 서로 닿는다는 뜻으로, 많은 인파가 붐비는 번화가의 모습을 말한다.

ㄱ

곡고화과 曲高和寡

곡조 **곡** 높을 **고** 조화로울 **화** 부족할 **과**

〖풀이〗 곡조가 높을수록 화답하는 사람이 적다는 뜻으로, 재능이 뛰어난 사람일수록 그를 따르는 사람이 적은 경우를 이르는 말.

곡굉지락 曲肱之樂

굽을 **곡** 팔뚝 **굉** 갈 **지** 즐길 **락**

〖풀이〗 팔베개를 하고 누워 있는 가난한 생활이라도 그 속에 도가 있으면 즐거움이 있다는 말.

곡수유상 曲水流觴

굽을 **곡** 물 **수** 흐를 **류** 잔 **상**

〖풀이〗 골짜기 물에 술잔을 띄워 보낸다는 뜻으로, 지난날 선비들이 정원의 곡수에 술잔을 띄우고 시를 읊으며 즐기던 잔치를 말함.

ㄱ

곡학아세 曲學阿世

굽을 **곡** 배울 **학** 언덕 **아** 세상 **세**

〖풀이〗 학문을 그릇되게 해석하고 세상에 아첨한다는 뜻으로, 학문의 바른 길을 버리고 진리를 굽히고 억지로 세상 사람들에게 아첨하는 것을 말한다.

골경지신 骨鯁之臣

뼈 **골** 걸릴 **경** 갈 **지** 신하 **신**

〖풀이〗 임금의 눈치를 살피지 않고 강력히 간하는 강직한 신하를 말함.

골육상잔 骨肉相殘

뼈 **골** 고기 **육** 서로 **상** 해칠 **잔**

〖풀이〗 가까운 혈육끼리 서로 싸우는 것을 말함.

ㄱ

공곡공음 空谷跫音

빌**공** 골**곡** 발자국소리**공** 소리**음**

〖풀이〗 사람이 없는 빈 골짜기에 울리는 발자국 소리란 뜻으로, 외롭게 살고 있을 때 사람이 찾아오는 것을 말하기도 하고 반가운 소식을 듣는 것을 말하기도 함.

공도동망 共倒同亡

함께**공** 넘어질**도** 함께**동** 망할**망**

〖풀이〗 넘어져도 같이 넘어지고 망해도 같이 망한다는 뜻으로, 서로 운명을 같이 한다는 말.

공득지물 空得之物

빌**공** 얻을**득** 갈**지** 물건**물**

〖풀이〗 힘들이거나 대가를 치르지 않고 거저 얻은 것을 이르는 말.

ㄱ

공명수죽백 功名垂竹帛

공**공** 이름**명** 드리울**수** 대**죽** 비단**백**

【풀이】 공적과 이름을 대나무와 비단에 드리운다는 뜻으로, 공적을 세워 이름을 후세에 남긴다는 말.

공성계 空城計

빌**공** 성**성** 계산**계**

【풀이】 성을 비워 적을 혼란에 빠뜨리는 계책을 뜻하며, 마음을 비워 상대방을 혼란시키려는 것을 말한다.

공옥이석 攻玉以石

닦을**공** 옥**옥** 써**이** 돌**석**

【풀이】 돌을 가지고 옥을 닦는다는 뜻으로, 천한 것으로 귀한 것의 가치를 빛낸다는 말.

ㄱ

공자천주 孔子穿珠

구멍 **공** 아들 **자** 뚫을 **천** 구슬 **주**

【풀이】 공자가 시골 아낙에게 물어 구슬을 꿰었다는 뜻으로, 진리를 탐구하는 사람은 모르는 것이 있으면 자기보다 못한 사람에게 묻는 것을 수치로 여기지 않는다는 말.

공중누각 空中樓閣

빌 **공** 가운데 **중** 누각 **루** 집 **각**

【풀이】 공중에 떠 있는 누각을 뜻하며, 헛된 생각이나 현실성이 없는 이야기나 문장 따위를 비유하는 말.

공행공반 空行空返

빌 **공** 다닐 **행** 빌 **공** 돌아올 **반**

【풀이】 행하는 것이 없으면 제게 돌아오는 소득도 없다는 말.

ㄱ

공휴일궤 功虧一簣

공**공** 빌**자** 하나**일** 삼태기**궤**

〖풀이〗 한 삼태기의 흙이 모자라 높은 산을 쌓지 못한다는 뜻으로, 힘들여서 이미 벌려둔 일을 끝내지 못하고 실패했다는 말.

과공비례 過恭非禮

지날**과** 공손할**공** 아닐**비** 예절**례**

〖풀이〗 지나치게 공손함은 도리어 상대에게 예가 아니라는 말.

과두시절 蝌蚪時節

올챙이**과** 올챙이**두** 때**시** 도막**절**

〖풀이〗 개구리가 올챙이였던 시절이란 뜻으로, 그 발전되기 이전의 과거를 이르는 말.

ㄱ

과맥전대취 過麥田大醉

지날 **과** 보리 **맥** 밭 **전** 큰 **대** 취할 **취**

〖풀이〗 밀밭만 지나가도 크게 취한다는 뜻으로, 술을 못 마시는 사람을 조롱하는 말.

과목불망 過目不忘

지날 **과** 눈 **목** 아닐 **불** 잊을 **망**

〖풀이〗 한 번 본 것은 결코 잊어버리지 않는다는 말.

과목성송 過目成誦

지날 **과** 눈 **목** 이룰 **성** 읊을 **송**

〖풀이〗 어떤 책이든지 한 번 읽으면 곧 외운다는 뜻으로, 기억력이 썩 좋음을 비유하는 말.

과부추일영 夸父追日影

자랑할 **과** 아비 **부** 쫓을 **추** 해 **일** 그림자 **영**

〖풀이〗 자신의 능력이나 재능을 알지 못하고 자기 능력과 재능 이상의 일을 하려고 한다는 뜻.

과유불급 過猶不及

지날 **과** 같을 **유** 아닐 **불** 미칠 **급**

〖풀이〗 정도가 지나침은 미치지 못하는 것만 못하다는 뜻으로, 사물은 어느 쪽으로 든지 치우침이 없이 중용의 길을 걸어야 한다는 말.

과전불납리 瓜田不納履

외 **과** 밭 **전** 아닐 **불** 드릴 **납** 신 **리**

〖풀이〗 참외 밭에서는 신발을 고쳐 신지 않는다는 뜻으로, 사람들로부터 혐의 받을 일은 하지 말라는 말.

ㄱ

과전이하 瓜田李下

외**과** 밭**전** 오얏**이** 아래**하**

〖풀이〗 참외 밭에서 신을 고쳐 신지 말고 오얏나무 아래에서 갓을 고쳐 쓰지 말라는 뜻으로, 의심이나 혐의를 받지 않도록 미리 방지하라는 말.

과즉물탄개 過則勿憚改

지낼**과** 곧**즉** 말**물** 꺼릴**탄** 고칠**개**

〖풀이〗 허물이 있으면 고치기를 꺼리지 말라는 뜻으로, 잘못을 범했을 때는 그 즉시 바르게 고치는 일을 주저하지 말라는 말.

관규추지 管窺錐指

대롱**관** 살필**규** 송곳**추** 손가락**지**

〖풀이〗 대나무 대롱으로 보고 송곳이 가리키는 곳을 살핀다는 뜻으로, 학식이나 견문이 좁거나 자신의 의견을 겸손히 말할 때 쓰인다.

ㄱ

관리도역 冠履倒易

갓**관** 신**리** 넘어질**도** 바꿀**역**

〖풀이〗 머리에 쓰는 갓을 발에 신고 신을 머리에 쓴다는 뜻으로, 사물의 질서나 가치가 뒤바뀌어 거꾸로 되는 것을 말함.

관중규표 管中窺豹

대롱**관** 가운데**중** 살필**규** 표범**표**

〖풀이〗 대롱속으로 표범을 엿본다는 뜻으로, 보는 것이나 아는 것이 매우 좁음을 이르는 말.

관포지교 管鮑之交

피리**관** 절인어물**포** 갈**지** 사귈**교**

〖풀이〗 관중과 포숙아의 두터운 우정을 뜻하는 것으로, 언제나 변함없는 친구 사이의 두터운 우정을 일컫는 말.

ㄱ

괄구마광 刮垢磨光

닦을**괄** 때**구** 갈**마** 빛**광**

【풀이】 때를 벗기고 닦아 빛을 낸다는 뜻으로, 사람의 결점을 고치고 장점을 개발하여 인재를 기르는 것을 말함.

괄목상대 刮目相對

씻을**괄** 눈**목** 서로**상** 대할**대**

【풀이】 눈을 비비고 상대방을 다시 본다는 뜻으로, 상대방이 학식이나 재능이 이전과는 달라져서 눈을 씻고 다시 본다는 말.

광세지재 曠世之材

밝을**광** 세상**세** 갈**지** 재주**재**

【풀이】 세상에서 보기 드문 뛰어난 재주나 그런 재주를 가진 사람을 비유하는 말.

ㄱ

광음여류 光陰如流

빛**광** 응달**음** 같을**여** 흐를**류**

〖풀이〗 세월이 물의 흐름과 같이 한번 지나면 되돌아 오지 않는다는 것을 비유하는 말.

광일미구 曠日彌久

빌**광** 날**일** 오래될**미** 오랠**구**

〖풀이〗 오랫동안 쓸데없이 세월만 보낸다는 뜻으로, 그냥 시간을 끌어서 일을 그르치는 것을 일컫는 말.

광풍제월 光風霽月

빛**광** 바람**풍** 갤**제** 달**월**

〖풀이〗 맑은 날의 시원한 바람과 비 갠 날의 상쾌한 달빛을 뜻하는 것으로, 사람의 됨됨이가 높고 인격이 깊을 때 비유하는 말.

ㄱ

괘관 掛冠

걸괘 갓관

〖풀이〗 '갓을 벗어 걸다' 라는 뜻으로, 높은 벼슬을 내놓고 물러남을 일컫는 말.

괴여만리장성 壞汝萬里長城

무너질**괴** 너**여** 일만**만** 마을**리** 어른**장** 성**성**

〖풀이〗 네가 너의 만리장성을 무너뜨린다는 뜻으로, 자신을 적극적으로 도와줄 사람을 순간적인 욕심으로 제거한다는 말로, 어리석은 자가 파멸을 자초한다는 말.

교각살우 矯角殺牛

바로잡을**교** 뿔**각** 죽일**살** 소**우**

〖풀이〗 쇠뿔을 바로잡으려다 소를 죽인다는 뜻으로, 결점이나 흠을 고치려다 그 도가 지나쳐 오히려 일을 그르친다는 말.

교룡득수 蛟龍得水

교룡 **교** 용 **룡** 얻을 **득** 물 **수**

〖풀이〗 교룡이 물을 얻는다는 뜻으로, 사람이 자만에 빠져서 자신의 분수를 잃어버리는 경우를 비유하는 말.

교발기중 巧發奇中

공교할 **교** 필 **발** 기이할 **기** 가운데 **중**

〖풀이〗 교묘하게 꺼낸 말이 신기하게 들어맞음을 비유하는 말.

교병필패 驕兵必敗

교만할 **교** 군사 **병** 반드시 **필** 깨뜨릴 **패**

〖풀이〗 자기 군대의 힘만 믿고 교만하여 적에게 위엄을 보이려는 군대는 끝내 패하고 만다는 것을 비유하는 말.

ㄱ

교언영색 巧言令色

교묘할 **교** 말씀 **언** 아름다울 **령** 빛 **색**

【풀이】 교묘한 말과 아름다운 얼굴을 뜻하며, 남의 환심을 사기 위해 아첨하는 교묘한 말과 보기 좋게 꾸미는 얼굴빛을 이르는 말.

교왕과직 矯枉過直

바로잡을 **교** 굽을 **왕** 지날 **과** 곧을 **직**

【풀이】 구부러진 것을 바로잡으려다가 지나치게 곧게 한다는 뜻으로, 잘못을 바로잡으려다가 지나쳐서 오히려 나쁘게 됨을 이르는 말.

교위불여졸성 巧僞不如拙誠

교묘할 **교** 거짓 **위** 아닐 **불** 같을 **여** 졸할 **졸** 정성 **성**

【풀이】 비록 서투르기는 하나 정성이 담겨 있다면 겉만 번지르르하게 꾸미고 실속이 없는 것보다 훨씬 낫다는 말.

ㄱ

교자채신 敎子採薪

가르칠 **교** 아들 **주** 캘 **채** 섶나무 **신**

〖풀이〗 자식에게 땔나무 캐오는 법을 가르치라는 뜻으로, 무슨 일이든 장기적인 안목을 갖고 근본적인 처방에 힘쓰라는 말.

교족이대 翹足而待

꼬리긴깃털 **교** 발 **족** 말이을 **이** 기다릴 **대**

〖풀이〗 발돋음하고 기다린다는 뜻으로, 기회가 얼마 안 가서 온다는 말.

교주고슬 膠柱鼓瑟

야교 **교** 기둥 **주** 두드릴 **고** 큰거문고 **슬**

〖풀이〗 기둥(거문고나 비파의 기러기발)을 풀로 붙여 놓고 거문고를 탄다는 뜻으로, 규칙에 얽매여서 융통성이 전혀 없음을 비유하는 말. 또는, 고집불통을 비유하는 말.

ㄱ

교천언심 交淺言深

사귈 교 얕을 천 말씀 언 깊을 심

〖풀이〗 교제한 지는 얼마 안 되지만 서로 심중을 털어놓고 이야기 한다는 말.

교취호탈 巧取豪奪

교묘할 교 얻을 취 호걸 호 빼앗을 탈

〖풀이〗 온갖 술책을 다 써서 착취하고 약탈한다는 뜻으로, 옳지 못한 방법을 써서 남의 물건을 강제로 빼앗는 것을 비유하는 말.

교토삼굴 狡兎三窟

교활할 교 토끼 토 석 삼 굴 굴

〖풀이〗 지혜로운 토끼는 굴을 세 군데 파 놓는다는 뜻으로, 갑작스러운 난관에 대처해 미리 준비해 놓는 것을 말함.

ㄱ

교학상장 教學相長

가르칠 **교** 배울 **학** 서로 **상** 길 **장**

〖풀이〗 가르치는 일과 배우는 일이 함께 되어야 자신의 학업이 성장한다는 뜻으로, 스승과 제자는 가르침으로써 성장하고, 배움으로써 나아진다는 말.

구거작소 鳩居鵲巢

비둘기 **구** 있을 **거** 까치 **작** 집 **소**

〖풀이〗 집을 잘 못 짓는 비둘기가 집을 잘 짓는 까치 집에서 산다는 뜻으로, 남이 노력해서 얻은 지위를 힘들이지 않고 가로챔을 비유하는 말.

구경부정 究竟不淨

마칠 **구** 마침내 **경** 아닐 **부** 깨끗할 **정**

〖풀이〗 사람이 죽어서 파묻히면 흙이 되고 벌레가 먹으면 똥이 되고 불에 타면 재가 되므로 신체의 마지막은 깨끗하지 못하다는 뜻임.

ㄱ

구곡간장 九曲肝腸

아홉 **구** 굽을 **곡** 간 **간** 창자 **장**

〖풀이〗 굽이굽이 서린 창자라는 뜻으로, 시름이 쌓이고 쌓인 마음속을 비유하는 말.

구과불섬 救過不贍

건질 **구** 지날 **과** 아닐 **불** 넉넉할 **섬**

〖풀이〗 자신의 잘못이나 실패를 충분히 고치지 못한다는 말.

구도어맹 求道於盲

구할 **구** 길 **도** 어조사 **어** 소경 **맹**

〖풀이〗 방법이 잘못되어 있어 어떤 일에도 아무런 효과를 얻지 못하는 것을 비유하는 말.

구마지심 狗馬之心

개**구** 말**마** 갈**지** 마음**심**

〚풀이〛 개나 말이 주인을 위하여 충성을 다하는 모습을 신하의 군주에 대한 충성심에 비유한 것으로 신하로서 군주에 대해 충성을 다하는 마음을 가르킨다.

구맹주산 狗猛酒酸

개**구** 사나울**맹** 술**주** 초**산**

〚풀이〛 개가 사나우면 술이 시어진다는 뜻으로, 한 나라에 간신배가 들끓으면 어진 신하가 모이지 않음을 말한다.

구명도생 苟命倒生

구차할**구** 목숨**명** 무리**도** 날**생**

〚풀이〛 구차스럽게 겨우 목숨만 보전하여 살아간다는 말임.

ㄱ

구무완인 口無完人

입 구 없을 무 완전할 완 사람 인

〖풀이〗 누구에게나 좋게 말하지 않고 흠집만을 꼬집어 들추어내는 버릇이 있는 사람을 욕으로 비유하여 이르는 말.

구미속초 狗尾續貂

개 구 꼬리 미 이을 속 담비 초

〖풀이〗 담비의 꼬리가 모자라 개꼬리를 잇는다는 뜻으로, 벼슬을 함부로 주는 것을 비유하여 이르는 말.

구밀복검 口蜜腹劍

입 구 꿀 밀 배 복 칼 검

〖풀이〗 입에는 꿀을 머금고 뱃속에는 칼이 있다는 뜻으로, 겉으로는 친절한 체하나 마음속으로는 해칠 생각을 품고 있음을 이르는 말.

ㄱ

구반상실 狗飯橡實

개**구** 밥**반** 상수리나무**상** 열매**실**

〖풀이〗 개밥에 도토리라는 뜻으로, 외톨이로 고립된 사람을 비유하는 말.

구사일생 九死一生

아홉**구** 죽을**사** 한**일** 날**생**

〖풀이〗 아홉 번 죽을 고비를 넘어 살았다는 뜻으로, 거의 죽을 뻔하다가 간신히 살아남을 비유하는 말.

구상유취 口尙乳臭

입**구** 숭상할**상** 젖**유** 냄새**취**

〖풀이〗 입에서 아직 젖내가 난다는 뜻으로, 상대가 어리고 경험이 없어 말과 행동이 유치함을 얕잡아 일컫는 말.

ㄱ

구시화지문 口是禍之門

입구 옳을시 재화화 갈지 문문

〖풀이〗 입은 재앙의 문이라는 뜻으로, 말을 조심하지 않으면 화를 당한다는 말.

구십춘광 九十春光

아홉구 열십 봄춘 빛광

〖풀이〗 봄의 90일 동안을 뜻하는 것으로, 노인의 마음이 젊은이처럼 젊다는 말.

구안지사 具眼之士

갖출구 눈안 갈지 선비사

〖풀이〗 사물의 옳고 그름과 선악을 판단할 수 있는 견식이 있는 사람을 이르는 말.

구약현하 口若懸河

입구 같을약 뒤집어놓을현 물이름하

【풀이】 말솜씨가 물 흐르는 것 같다는 뜻으로, 말을 끊지 않고 청산유수처럼 잘하는 것을 비유해서 이르는 말.

구우일모 九牛一毛

아홉구 소우 한일 털모

【풀이】 아홉 마리 소 가운데 한 오라기 털이라는 뜻으로, 많은 것 가운데서 매우 적은 수를 일컫는 말. 대단한 것이 못됨.

구이지학 口耳之學

입구 귀이 갈지 배울학

【풀이】 남에게 들은 바를 새기지 못한 채 그대로 남에게 전할 정도밖에 되지 않는 천박한 학문을 이르는 말.

ㄱ

구인공휴일궤 九仞功虧一簣

아홉 **구** 밀 **인** 공 **공** 이지러질 **휴** 한 **일** 삼태기 **궤**

〖풀이〗 그 동안 쌓아올린 업적이나 노력도 한순간의 실수로 하루아침에 허사가 된다는 비유의 말.

구장득주 求漿得酒

구할 **구** 마실것 **장** 얻을 **득** 술 **주**

〖풀이〗 식초를 구하다가 술을 얻었다는 뜻으로, 기대 이상의 효과를 얻었음을 비유하여 이르는 말.

구전문사 求田問舍

구할 **구** 밭 **전** 물을 **문** 집 **사**

〖풀이〗 논밭이나 살림할 집을 구하여 산다는 뜻으로, 논밭이나 집 따위 재산에만 마음을 쓸 뿐 원대한 뜻이 없음을 이르는 말.

ㄱ

구족제철 狗足蹄鐵

개 **구** 발 **족** 굽 **제** 쇠 **철**

〖풀이〗 개발에 편자라는 뜻으로, 옷차림이나 소지품이 격에 맞지 않을 때 이르는 말.

구중궁궐 九重宮闕

아홉 **구** 무거울 **중** 집 **궁** 대궐 **궐**

〖풀이〗 누구나 함부로 드나들 수 없도록 문을 겹겹이 세워 막아놓은 깊은 대궐을 이르는 말.

구즉득지 사즉실지 求則得之 舍則失之

구할 **구** 곧 **즉** 얻을 **득** 갈 **지** 집 **사** 곧 **즉** 잃을 **실** 갈 **지**

〖풀이〗 구해서 얻고 버려서 잃는다는 뜻으로, 구하면 얻을 것이고 버려두면 잃을 것이라는 말.

구태의연 舊態依然

옛 **구** 모양 **태** 전과같을 **의** 그럴 **사**

【풀이】 예나 지금이나 조금도 변함 없이 여전하다는 뜻으로, 진보 발전이 없는 것을 말함.

구한감우 久旱甘雨

오랠 **구** 가물 **한** 달 **감** 비 **우**

【풀이】 오랫동안 가뭄이 계속되다가 내리는 단비를 이르는 말.

구혈미건 口血未乾

입 **구** 피 **혈** 아닐 **미** 하늘 **건**

【풀이】 맹세할 때 입에 바른 피가 채 마르지도 않았다는 뜻으로, 맹세한 지가 아직 오래 오래 되지 않음을 비유하는 말.

구화지문 口禍之門

입**구** 재앙**화** 갈**지** 문**문**

【풀이】 입은 재앙을 불러들이는 문이라는 뜻으로, 말을 삼가도록 경계하는 말로 화는 입으로부터 들어온다는 말.

구화투신 救火投薪

구원할**구** 불**화** 던질**투** 땔나무**신**

【풀이】 불을 끄는데 섶을 던져 넣는다는 뜻으로, 해를 제거하는데 성급하게 행동하다가 도리어 그 해를 더 크게 함을 비유하는 말.

국군함구 國君含垢

나라**국** 임금**군** 머금을**함** 때**구**

【풀이】 군주라면 권력을 휘두르는 것뿐만 아니라 나라를 위해서는 참아내기 힘든 치욕도 참아야 할 줄 알아야 하며, 또한 신하의 잘못도 용서할 줄 알아야 한다는 말.

ㄱ

국사무쌍 國士無雙

나라 **국** 선비 **사** 없을 **무** 쌍 **쌍**

〖풀이〗 나라 안에 경쟁상대가 없는 인물이라는 뜻으로, 한 나라 안에서 가장 뛰어난 인물을 일컫는 말이다.

국인개왈가살 國人皆曰可殺

나라 **국** 사람 **인** 모두 **개** 가로 **왈** 옳을 **가** 죽일 **살**

〖풀이〗 나라 사람이 모두 죽여야 한다고 말한다는 뜻으로, 여론을 들어 본 다음에 정책을 시행해야 한다는 말.

국척 跼蹐

구부릴 **국** 살금살금걸을 **척**

〖풀이〗 마음에 황송하여 몸을 굽힌다는 뜻으로, 겁이 많아서 몸 둘 바를 모르는 상태를 비유하는 말.

국태민안 國泰民安

나라 **국** 클 **태** 백성 **민** 편안 **안**

〖풀이〗 나라가 태평하고 백성들이 살기가 평안하다는 말.

국파산하재 國破山河在

나라 **국** 깨어질 **파** 메 **산** 물이름 **하** 있을 **재**

〖풀이〗 나라는 깨어졌으나 산하는 그대로 있다는 뜻으로, 인간사회의 극심한 변화에는 아랑곳하지 않고 나름대로의 순리에 따라 존재하는 자연의 모습을 보여주는 말.

군경절축 群輕折軸

무리 **군** 가벼울 **경** 꺾을 **절** 굴대 **축**

〖풀이〗 아무리 가벼운 것이라도 뭉치면 차축(車軸)이라도 꺾을 수 있다는 뜻으로, 아무리 적은 힘이라도 한 덩어리로 뭉치면 강적에 대항할 수 있음을 비유하는 말.

군계일학 群鷄一鶴

무리 **군** 닭 **계** 한 **일** 학 **학**

【풀이】 닭의 무리 속에 한 마리의 학을 뜻하는 것으로, 평범한 사람들 가운데 뛰어난 한 사람이 섞여 있음을 비유하는 말.

군맹무상 群盲撫象

무리 **군** 소경 **맹** 어루만질 **무** 코끼리 **상**

【풀이】 여러 맹인이 코끼리를 어루만진다는 뜻으로, 평범한 사람들은 큰 사업이나 큰 인물의 일부밖에 파악하지 못한다는 말.

군욕신사 君辱臣死

임금 **군** 욕되게할 **욕** 신하 **신** 죽을 **사**

【풀이】 신하는 군주와 목숨을 함께 해야 한다는 것과, 군주가 치욕을 당하면 신하는 목숨을 버리고 그 치욕을 씻어야 한다는 것을 말함.

ㄱ

군웅할거 群雄割據

무리 **군** 굳셀 **웅** 나눌 **할** 의거할 **거**

【풀이】 많은 영웅들이 각지에 자리잡고 세력을 떨치며 서로 맞서는 것을 말함.

군의부전 羣蟻附羶

떼 **군** 개미 **의** 붙을 **부** 노린내 **전**

【풀이】 노린내 나는 양고기에 개미떼가 달라붙는다는 뜻으로, 이익이 넘치는 곳에는 사람들이 많이 모여든다는 말.

군자교절불출악성 君子交絶不出惡聲

임금 **군** 아들 **자** 사귈 **교** 끊을 **절** 아닐 **불** 나갈 **출** 악할 **악** 소리 **성**

【풀이】 군자는 설사 교제관계가 끊어지더라도 결코 상대방을 비방하거나 헐뜯지 않는다는 말.

ㄱ

군자구제기 소인구제인 君子求諸己 小人求諸人

임금**군** 아들**자** 구할**구** 모든**제** 자기**기** 작을**소** 사람**인** 구할**구** 모든**제** 사람**인**

〖풀이〗 군자는 모든 일을 자기 자신에게 책임이 있다고 자신을 탓하지만, 소인은 무조건 남의 탓으로 책임을 전가한다는 말.

군자대로행 君子大路行

임금**군** 아들**자** 큰**대** 길**로** 다닐**행**

〖풀이〗 군자는 큰길을 택해서 간다는 뜻으로, 바르게 행동을 함으로써 남의 본보기가 된다는 말.

군자불기 君子不器

임금**군** 아들**자** 아닐**불** 그릇**기**

〖풀이〗 군자는 그릇이 아니라는 뜻으로, 군자는 한 가지 일에도 뛰어나지만 전체를 바라보는 시야와 인격도 필요하다는 말로, 참된 인물은 편협하지 않다는 말.

ㄱ

군자삼락 君子三樂

임금 **군** 아들 **자** 석 **삼** 즐길 **락**

〖풀이〗 군자의 세 가지 즐거움을 뜻하며, 첫째 부모가 모두 살아 계시고 형제가 무고한 것이요, 둘째 하늘을 우러러 부끄럼이 없고, 셋째 천하의 영재를 얻어 교육하는 것을 말함. 맹자는 천하를 손아귀에 넣고 왕이 되는 것은 군자의 세 가지 즐거움에 들어가지 않는다고 하였다.

군자신기독 君子愼其獨

임금 **군** 아들 **자** 삼갈 **신** 그 **기** 홀로 **독**

〖풀이〗 군자는 남이 보지 않는 곳이라 할지라도 도리에 어긋나는 행동은 절대로 하지 않는다는 말.

군자원포주 君子遠庖廚

임금 **군** 아들 **자** 멀 **원** 천연두 **포** 부엌 **주**

〖풀이〗 군자는 푸줏간과 부엌을 멀리해야 한다는 뜻으로, 심성을 어질고 바르게 하기 위해서는 무섭거나 잔인한 일을 하는 것을 해서도 안 되며 봐서도 안 된다는 말임.

ㄱ

군자유구사 君子有九思

임금**군** 아들**자** 있을**유** 아홉**구** 생각**사**

〖풀이〗 군자에게는 아홉 가지 생각이 있다는 뜻으로, 사람이 살아가면서 항상 가슴 속에 새겨 두어야 할 아홉 가지 생각을 이른다.

군자표변 君子豹變

임금**군** 아들**자** 표범**표** 변할**변**

〖풀이〗 표범의 가죽이 아름답게 변해가는 것처럼 군자도 뚜렷한 태도로 옮겨간다는 뜻이며, 오늘날에는 소인들의 돌변하는 행동에 쓰이고 있다.

군자피삼단 君子避三端

임금**군** 아들**자** 피할**피** 석**삼** 끝**단**

〖풀이〗 군자는 세 가지 끝을 피한다는 뜻으로, 군자는 평생동안 남과 다투지 않아 자기의 몸을 지킨다는 말.

ㄱ

군주신수 君舟臣水

임금**군** 배**주** 신하**신** 물**수**

〖풀이〗 백성을 위하고 사랑하는 것이 정치의 근본이라는 뜻으로, 백성은 군주를 돕는 자이지만 동시에 해를 주는 자이기도 하므로 군주는 백성을 위한 정치를 하라는 말임.

궁무소불위 窮無所不爲

다할**궁** 없을**무** 바**소** 아닐**불** 할**위**

〖풀이〗 궁하면 무슨 짓이든지 한다는 뜻으로, 사람이 살기 어려우면 예의나 염치를 돌보지 않는다는 말.

궁서설묘 窮鼠齧猫

다할**궁** 쥐**서** 물**설** 고양이**묘**

〖풀이〗 궁지에 몰린 쥐가 고양이를 문다는 뜻으로, 약한 자라도 궁지에 몰리면 필사적으로 대항해 온다는 것을 비유하여 이르는 말.

ㄱ

궁여지책 窮餘之策

다할**궁** 남을**여** 갈**지** 꾀**책**

〖풀이〗 막다른 골목에서 그 국면을 타개하려고 생각다 못해 짜낸 한 가지 꾀를 말함.

궁조입회 窮鳥入懷

다할**궁** 새**조** 들어갈**입** 품을**회**

〖풀이〗 쫓긴 새가 품안에 날아 들어오면 가엾이 여겨 도와준다는 뜻으로, 궁지에 몰린 사람이 도움을 청해 왔을 때에는 어떠한 사정이 있더라도 도와주어야 한다는 말.

권모술수 權謀術數

권세**권** 꾀할**모** 꾀**술** 셀**수**

〖풀이〗 모략이나 술책을 뜻하는 것으로, 목적을 위해서 상대방을 교묘한 방법으로 속여 넘기는 계책을 말한다.

권불십년 權不十年

권세 **권** 아닐 **불** 열 **십** 해 **년**

【풀이】 잡은 권세가 십 년을 넘기지 못한다는 뜻으로, 세상은 무상하여 늘 변하며 아무리 높고 큰 권세라도 그렇게 오래 가지는 못한다는 말.

권상요목 勸上搖木

권세 **권** 위 **상** 흔들릴 **요** 나무 **목**

【풀이】 나무에 오르게 해 놓고 흔들어 떨어뜨린 다는 뜻으로, 남을 선동해 놓고 낭패보도록 방해함을 비유하는 말.

권선징악 勸善懲惡

권할 **권** 착할 **선** 징계할 **징** 악할 **악**

【풀이】 착한 행실은 권하고 악한 행실은 징계한다는 뜻으로, 착하고 선한 사람은 격려하고 못되고 악한 행위를 하는 자를 책망한다는 말.

ㄱ

권재족하 權在足下

권세 **권** 있을 **재** 발 **족** 아래 **하**

〖풀이〗 일을 척결하는 모든 권리가 모두 한 사람에게 달렸다는 말.

권토중래 捲土重來

말 **권** 흙 **토** 다시 **중** 올 **래**

〖풀이〗 흙먼지를 일으키며 다시 온다는 뜻으로, 어떤 일을 하다가 실패한 뒤에도 굽히지 않고 거듭 노력해서 재기하는 경우에 쓰이는 말.

귀거래 歸去來

돌아갈 **귀** 갈 **거** 올 **래**

〖풀이〗 벼슬에서 물러나 자연으로 돌아가 생활하는 것을 뜻하며, 도연명이 벼슬자리에 있다가 유유자적한 생활로 생을 마감하고자 고향으로 돌아가려고 뜻을 굳혔을 때에 한 말이다.

귀곡천계 貴鵠賤鷄

귀할 **귀** 고니 **곡** 천할 **천** 닭 **계**

〖풀이〗 고니를 귀하게 여기고 닭을 천하게 여긴다는 뜻으로, 세상 사람의 심정이 가까운 데 있는 것은 천하게 여기고 먼 데 있는 것은 귀하게 여긴다는 말.

귀마방우 歸馬放牛

돌아갈 **귀** 말 **마** 놓을 **방** 소 **우**

〖풀이〗 전쟁에 사용할 말과 소를 숲이나 들로 돌려보내어 다시 쟁기나 수레를 끌게 하는 것을 이르는 말로, 전쟁이 끝나고 평화가 왔음을 의미함.

귀모토각 龜毛兎角

거북 **귀** 털 **모** 토끼 **토** 뿔 **각**

〖풀이〗 거북의 털과 토끼의 뿔이라는 뜻으로, 절대로 있을 수 없는 일을 비유하여 이르는 말.

ㄱ

귀배괄모 龜背刮毛

거북 **귀** 등 **배** 깎을 **괄** 털 **모**

【풀이】 거북이 등에 난 털을 깎으려 한다는 뜻으로, 되지 않을 일을 무리하게 강행하려 한다는 말임.

귀이천목 貴耳賤目

귀할 **귀** 귀 **이** 천할 **천** 눈 **목**

【풀이】 귀로 들은 것은 존중하나 눈앞에 있는 것은 비천하게 여긴다는 뜻으로, 옛 일을 높이 평가하고 현재를 경시한다는 말.

귀주출천방 貴珠出賤蚌

귀할 **귀** 진주 **주** 나갈 **출** 천할 **천** 방합 **방**

【풀이】 귀한 진주는 천한 조개에서 나온다는 뜻으로, 현인이나 뛰어난 인물은 빈천한 데서 나온다는 말.

ㄱ

규천호지 叫天呼地

부르짖을 **규** 하늘 **천** 부를 **호** 땅 **지**

〖풀이〗 몹시 슬프거나 분할 때 하늘과 땅을 향해 울부짖는 일을 말함.

규환지옥 叫喚地獄

부르짖을 **규** 부를 **환** 땅 **지** 옥 **옥**

〖풀이〗 살생·도둑질·음행·술 먹는 죄를 저지른 사람이 가는 지옥을 말하며, 가마솥에 삶거나 뜨거운 불 속에 들어가 고통을 견디지 못하고 울부짖는 다는 곳.

귤화위지 橘化爲枳

귤나무 **귤** 될 **화** 위할 **위** 탱자나무 **지**

〖풀이〗 귤이 변하여 탱자가 되었다는 뜻으로, 경우에 따라서 사람의 성질도 변한다는 말.

ㄱ

극구광음 隙駒光陰

틈 **극** 망아지 **구** 빛 **광** 음기 **음**

【풀이】 흘러가는 세월의 빠름이 달려가는 말을 문틈으로 보는 것과 같다는 뜻으로, 인생의 덧없고 짧음을 이르는 말.

극기복례 克己復禮

이길 **극** 자기 **기** 돌아올 **복** 예도 **례**

【풀이】 자신의 지나친 욕심을 누르고 예의 범절을 따른다는 뜻.

극벌원욕 克伐怨慾

이길 **극** 칠 **벌** 원망할 **원** 욕심 **욕**

【풀이】 이기고자 하고, 자기 자랑하기를 좋아하고, 원망하고, 화를 내며 탐욕하는 네 가지 나쁜 행위를 말함.

극혈지신 隙穴之臣

틈**극** 구멍**혈** 갈**지** 신하**신**

〖풀이〗 '극혈'은 틈새를 말하는 것으로서, 군주를 해치려고 호시탐탐 노리고 있는 신하나, 적에게 은밀하게 내통을 하고 있는 신하를 말함.

근모실모 僅毛失貌

삼갈**근** 털**모** 잃을**실** 얼굴**모**

〖풀이〗 하찮은 일에 매달리다가 큰 일을 망쳐버리는 것을 비유한 말. 또는 사물의 올바른 도리를 벗어나지 않도록 잘 대처해 나가라는 것을 말함.

근묵자흑 近墨者黑

가까울**근** 먹**묵** 놈**자** 검을**흑**

〖풀이〗 먹을 가까이 하면 검은 빛이 된다는 뜻으로, 사람은 가까이 지내는 사람에 따라 그 영향을 받아서 변하는 것이니 조심하라는 말.

ㄱ

금강견고 金剛堅固

쇠**금** 굳셀**강** 굳을**견** 단단할**고**

【풀이】 금강과 같이 견고하여 무엇이든지 깨뜨리고 어떤 물건에도 깨지지 않음을 가리키는 말.

금고종신 禁錮終身

금지할**금** 막을**고** 마칠**종** 몸**신**

【풀이】 죄과가 있거나 혹은 신분에 허물이 있어 일생 동안 벼슬길에 쓰이지 않는 일을 말함.

금곤복거 禽困覆車

날짐승**금** 괴로울**곤** 뒤집힐**복** 수레**거**

【풀이】 새도 위험에 빠지면 수레를 뒤엎는다는 뜻으로, 약자도 살기 위하여 기를 쓰면 큰 힘을 발휘할 수 있음을 비유하여 이르는 말.

금과옥조 金科玉條

쇠 **금** 과목 **과** 옥 **옥** 가지 **조**

〖풀이〗 조금도 움직일 수 없는 금옥(金玉)과 같이 귀중히 여기며 신봉하는 법칙이나 규정을 이르는 말.

금구무결 金甌無缺

쇠 **금** 사발 **구** 없을 **무** 이지러질 **결**

〖풀이〗 흠이 없는 황금 단지처럼 완전하고 결점이 없다는 뜻으로, 국력이 강하여 남의 나라의 침범을 받는 일이 없음을 비유하여 이르는 말.

금란지교 金蘭之交

쇠 **금** 난초 **란** 갈 **지** 사귈 **교**

〖풀이〗 다정한 친구 사이의 정의나 교제가 단단한 쇠를 자를 정도로 강하고 우정의 아름다움은 난초의 향기와 같다는 뜻으로, 아주 치닐한 친구 사이를 이르는 말.

ㄱ

금상첨화 錦上添花

비단**금** 위**상** 더할**첨** 꽃**화**

〖풀이〗 비단 위에 꽃을 더한다는 뜻으로, 원래부터 좋은 일에 더 좋은 일이 겹친다는 말.

금성탕지 金城湯池

쇠**금** 성**성** 끓을**탕** 연못**지**

〖풀이〗 쇠로 만든 성과 끓는 물로 채운 연못 이라는 뜻으로, 주변에 대한 경계와 방비가 철통같은 것을 비유하여 이르는 말.

금슬부조 琴瑟不調

거문고**금** 비파**슬** 아닐**부** 고를**조**

〖풀이〗 부부나 형제간의 사이가 화목하지 못한 것을 비유로 이르는 말. 또한 조화롭지 않다는 뜻에서 부패한 정치를 말하기도 한다.

ㄱ

금슬상화 琴瑟相和

거문고**금** 비파**슬** 서로**상** 화할**화**

〖풀이〗 거문고와 비파가 서로 어울려 좋은 소리가 난다는 뜻으로, 부부나 형제간의 사이가 좋음을 비유하는 말.

금슬지락 琴瑟之樂

거문고**금** 비파**슬** 갈**지** 즐거울**락**

〖풀이〗 부부 사이의 다정하고 화목한 즐거움을 이르는 말.

금시발복 今是發福

이제**금** 옳을**시** 필**발** 복**복**

〖풀이〗 어떤 일을 한 뒤에 이내 좋은 수가 트이어 부귀를 누리게 됨을 이르는 말.

ㄱ

금시초문 今時初聞

이제 **금** 때 **시** 처음 **초** 들을 **문**

〖풀이〗 이제야 비로서 처음 듣는다는 뜻으로, 듣느니 처음이라는 말.

금심수구 錦心繡口

비단 **금** 마음 **심** 수 **수** 입 **구**

〖풀이〗 시나 문장의 재능이 뛰어난 것을 칭송해서 하는 뜻으로, 아름다운 마음씨와 우아한 말을 가르킨다.

금옥군자 金玉君子

쇠 **금** 옥 **옥** 임금 **군** 아들 **자**

〖풀이〗 몸가짐이 금옥과 같이 깨끗하고 점잖은 사람을 이르는 말.

금의야행 錦衣夜行

비단**금** 옷**의** 밤**야** 행실**행**

〖풀이〗 비단옷을 입고 밤길을 간다는 뜻으로, 아무 보람 없는 행동을 비유하거나 출세한 뒤에도 고향으로 돌아가지 않는 것을 비유하는 말.

금의옥식 錦衣玉食

비단**금** 옷**의** 옥**옥** 밥**식**

〖풀이〗 좋은 옷과 좋은 음식을 뜻하는 것으로, 사치스러운 생활을 말함.

금의환향 錦衣還鄕

비단**금** 옷**의** 돌아올**환** 고향**향**

〖풀이〗 타지에서 성공하여 높은 신분이 된 뒤에 고향으로 돌아온다는 말.

ㄱ

금지옥엽 金枝玉葉

쇠 **금** 가지 **지** 옥 **옥** 잎 **엽**

【풀이】 금가지와 옥 잎사귀르는 뜻으로, 왕가의 자손이나 고관대작의 자손을 가르키는 말.

금환탄작 金丸彈雀

쇠 **금** 일 **환** 탄알 **탄** 참새 **작**

【풀이】 황금 탄환으로 참새를 쏜다는 뜻으로, 소득이 별로 없는데 쓸데없는 낭비만 하는 것을 비유하는 말.

급과이대 及瓜而代

미칠 **급** 오이 **과** 말이을 **이** 세대 **대**

【풀이】 오이가 익으면 바꾸어 준다는 뜻으로, 임기를 마치면 좋은 자리로 옮겨 주겠다는 말로, 그 약속을 제대로 지키지 않는다는 말.

급전직하 急轉直下

급할 **급** 구를 **전** 곧을 **직** 아래 **하**

〖풀이〗 어떤 일이나 형세가 갑자기 바뀌어 걷잡을 수 없이 막 내리밀리는 경우를 말함.

긍경 肯綮

수긍할 **긍** 힘줄붙은곳 **경**

〖풀이〗 긍은 뼈에 붙은 살이고, 경은 힘줄과 뼈가 한데 엉긴 곳을 뜻하는 것으로, 어떤 일을 할 때 일의 가장 중요한 대목을 말한다.

기고만장 氣高萬丈

기운 **기** 높을 **고** 일만 **만** 어른 **장**

〖풀이〗 기운이 만장이나 뻗치었다는 뜻으로, 펄펄 뛸 만큼 크게 성이 나거나 일이 뜻대로 잘되어 씩씩한 기운이 대단하게 뻗침을 형용하는 말.

ㄱ

기로망양 岐路亡羊

갈림길 **기** 길 **로** 잃을 **망** 양 **양**

〖풀이〗 갈림길에서 양을 잃었다는 뜻으로, 사람들이 공부하거나 사업을 벌일 때 정확한 방향을 잡지 못하고 헤매다가 시기를 놓치는 경우를 비유하는 말.

기마욕솔노 騎馬欲率奴

말탈 **기** 말 **마** 하고자할 **욕** 거느릴 **솔** 사내종 **노**

〖풀이〗 말 타면 종에게 고삐 잡히고 싶다란 뜻으로, 인간의 욕심은 끝이 없음을 비유한 말.

기문지학 記問之學

기록할 **기** 물을 **문** 갈 **지** 배울 **학**

〖풀이〗 학문의 뜻을 알지 못하고 무조건 외워서 물음에 답하기만 할뿐인 얕은 학문을 말함.

기복염거 驥服鹽車

천리마**기** 옷**복** 소금**염** 수레**거**

【풀이】 천리마가 소금 수레를 끌고 있다는 뜻으로, 유능한 인재가 하찮은 일에 쓰이거나 낮은 지위에 머물러 있음을 비유한 말.

기불택식 飢不擇食

주릴**기** 아닐**불** 가릴**택** 먹을**식**

【풀이】 굶주린 사람은 먹을 것을 가리지 않는다는 뜻으로, 빈곤한 사람은 대수롭지 않은 은혜에도 감격한다는 것을 비유하는 말.

기사회생 起死回生

일어날**기** 죽을**사** 돌아올**회** 날**생**

【풀이】 죽었다가 살아난다는 뜻으로, 죽음에 다다른 환자를 살리는 것을 말함. 또는 그러한 은혜를 베푸는 뜻으로도 쓰인다.

ㄱ

기산지절 箕山之節

키**기** 뫼**산** 갈**지** 마디**절**

【풀이】 허유가 기산에 숨어 살면서 요임금의 양위를 받지 않고 절조를 지켰다는 고사에서 나온 말로, 굳은 절개를 이르는 말.

기상천외 奇想天外

기이할**기** 생각할**상** 하늘**천** 바깥**외**

【풀이】 보통 사람이 쉽게 생각할 수 없는 어뚱한 생각을 말함.

기성안혼 技成眼昏

재주**기** 이룰**성** 눈**안** 날저물**혼**

【풀이】 재주를 다 배우고 나니 눈이 어두워진다는 뜻으로, 늙어서 좋은 기술이 쓸모 없는 무용지물이 됨을 비유한 말.

ㄱ

기양불감 伎癢不堪

재주 **기** 가려울 **양** 아닐 **불** 견딜 **감**

〖풀이〗 재능이 있음에도 불구하고 그 재능을 다 펼치지 못해 안타까워 한다는 말.

기왕불구 旣往不咎

이미 **기** 갈 **왕** 아닐 **불** 허물 **구**

〖풀이〗 이미 지나간 일은 어찌할 도리가 없다는 뜻으로, 지나간 일은 소용없고 장차 일어날 일들을 조심해야 한다는 말.

기우 杞憂

나라이름 **기** 근심 **우**

〖풀이〗 기나라 사람이 하늘을 걱정한다는 뜻으로, 쓸데없는 근심이나 지나친 걱정을 비유하는 말.

ㄱ

기자이위식 飢者易爲食

주릴 **기** 놈 **자** 쉬울 **이** 할 **위** 먹을 **식**

〖풀이〗 굶주리고 있는 사람은 무엇이든 잘 먹는다는 뜻으로, 어진 정치에 굶주리고 있는 백성들에게 어진 정치를 베풀면 쉽게 따라온다는 말.

기장지무 旣張之舞

이미 **기** 벌릴 **장** 갈 **지** 춤출 **무**

〖풀이〗 이미 벌린 춤이라는 뜻으로, 시작한 일이므로 중간에 그만둘 수 없다는 말.

기진맥진 氣盡脈盡

기운 **기** 다할 **진** 맥 **맥** 다할 **진**

〖풀이〗 기억력과 의지력이 다 없어져 스스로 가누지 못할 만큼 힘이 빠진다는 뜻.

기호지세 騎虎之勢

탈기 범호 갈지 형세세

〖풀이〗 범을 타고 달리는 형세를 뜻하는 것으로, 이미 시작한 일을 중도에서 그만둘 수 없는 상태를 말한다.

기화가거 奇貨可居

기이할기 재화화 옳을가 있을거

〖풀이〗 진귀한 물건을 구입해 두면 큰 이득을 얻는다는 뜻으로, 나중에 이용가치가 있는 사람을 돌봐주며 기회가 오기를 기다린다는 말.

ㄴ

나작굴서 羅雀掘鼠

그물칠 **나** 참새 **작** 팔 **굴** 쥐 **서**

【풀이】 그물을 쳐서 참새를 잡고 땅을 파서 쥐를 잡는다는 뜻으로, 어려운 처지에 이르러 할 수 있는 모든 일을 다 해보는 것을 비유하는 말.

낙낙신성 諾諾晨星

대답할 **낙** 대답할 **낙** 새벽 **신** 별 **성**

【풀이】 큰 인물이 점차 죽어가서 그 수가 적게 남음을 비유한 말.

ㄴ

낙락난합 落落難合

떨어질 **낙** 떨어질 **락** 어지러울 **난** 합할 **합**

【풀이】 여기저기 떨어져 있어 서로 모이기가 매우 어려움을 말함.

낙락장송 落落長松

떨어질 **낙** 떨어질 **락** 길 **장** 소나무 **송**

【풀이】 가지가 축축 늘어진 키가 큰 소나무를 말함.

낙모지신 落帽之辰

떨어질 **락** 모자 **모** 갈 **지** 때 **신**

【풀이】 음력 9월 9일을 뜻하며, 옛 명절의 하나로 중양절(重陽節)을 말한다.

ㄴ

낙목공산 落木空山

떨어질 **낙** 나무 **목** 빌 **공** 산 **산**

〖풀이〗 잎이 다 떨어져 앙상한 나무들만 서 있는 겨울철의 쓸쓸한 산을 이르는 말.

낙목한천 落木寒天

떨어질 **낙** 나무 **목** 찰 **한** 하늘 **천**

〖풀이〗 나뭇잎이 다 떨어진 겨울의 춥고 쓸쓸한 풍경이나 그러한 계절을 이르는 말.

낙미지액 落眉之厄

떨어질 **낙** 눈썹 **미** 갈 **지** 재앙 **액**

〖풀이〗 눈썹에 떨어진 재앙이란 뜻으로, 뜻밖에 생긴 위급한 재앙을 이르는 말.

낙백 落魄

떨어질 **낙** 혼백 **백**

『풀이』 혼백이 땅에 떨어진다는 뜻으로, 뜻을 얻지 못한 처지에 있는 사람을 말함.

낙양지귀 洛陽紙貴

서울 **낙** 볕 **양** 종이 **지** 고귀할 **귀**

『풀이』 낙양의 종이 값이 오른다는 뜻으로, 책이나 글이 크게 명성을 날려 갑자기 이름을 떨치면서 책을 베끼므로 종이 값이 오름을 비유하는 말.

낙월옥량 落月屋梁

떨어질 **낙** 달 **월** 집 **옥** 들보 **량**

『풀이』 꿈속에서 벗과 즐기다가 깨니 지는 달빛만이 지붕에 가득하다는 뜻으로, 벗을 그리는 마음이 간절함을 이르는 말.

ㄴ

낙정하석 落井河石

떨어질 **낙** 우물 **정** 물 **하** 돌 **석**

【풀이】 우물에 빠진 사람에게 돌을 던진다는 뜻으로, 남이 어려운 처지에 놓여 있을 때 도와주기는 커녕 도리어 더 괴롭힌다는 말.

낙천도모 落天圖謀

떨어질 **낙** 하늘 **천** 그림 **도** 들보 **량**

【풀이】 다른 사람이 잘된 것이 자기가 힘써 그렇게 된 것이라 하여 그에 대한 사례로 금품을 요구하는 행동을 이르는 말.

낙필점승 落筆點蠅

떨어질 **낙** 붓 **필** **점찍을 점** 파리 **승**

【풀이】 붓 떨어진 자리에 파리를 그렸다는 뜻으로, 화가의 뛰어난 솜씨를 이르는 말.

ㄴ

낙화난상지 落花難上枝

떨어질 **낙** 꽃 **화** 어려울 **난** 위 **상** 가지 **지**

〖풀이〗 떨어진 꽃은 다시 가지에 오를 수 없다는 뜻으로, 한번 저지른 일은 다시 돌이킬 수 없다는 말.

낙화유수 落花流水

떨어질 **낙** 꽃 **화** 흐를 **유** 물 **수**

〖풀이〗 떨어지는 꽃잎과 흐르는 물. 낙화에 정이 있으면 유수 또한 정이 있어 그것을 띄어서 흐를 것이란 뜻으로, 남녀에는 서로 그리워하는 정이 있음을 비유하는 말.

난공불락 難攻不落

어려울 **난** 칠 **공** 아닐 **불** 떨어질 **락**

〖풀이〗 공격하기 어려워 쉽사리 함락되지 아니한다는 말.

ㄴ

난상가란 卵上加卵

알**난** 위**상** 더할**가** 알**란**

〖풀이〗 알 위에다 알을 포갠다는 뜻으로, 정성이 지극하면 하늘도 감동한다는 뜻의 말.

난신적자 亂臣賊子

어지러울**난** 신하**신** 도덕**적** 아들**자**

〖풀이〗 나라를 어지럽게 하는 무리. 또는 임금을 해치는 신화와 어버이를 해치는 아들을 말함.

난의포식 暖衣飽食

따뜻할**난** 옷**의** 배부를**포** 먹을**식**

〖풀이〗 따뜻이 입고 실컷 먹는다는 뜻으로, 모자람이 없이 생활하거나 또는 잘 입고 잘 먹는 것을 일컫는 말.

ㄴ

난익지은 卵翼之恩

알 **난** 날개 **익** 갈 **지** 은혜 **은**

〖풀이〗 알을 까서 날개로 품어 길러준 은혜라는 뜻으로, 자기를 낳아 길러준 부모님의 은혜를 이르는 말.

난중지난 難中之難

어려울 **난** 가운데 **중** 갈 **지** 어려울 **난**

〖풀이〗 어려운 가운데 더욱 어려움이 있다는 뜻으로, 몹시 어렵다는 말.

난지점수 蘭芷漸滫

난초 **난** 어수리 **지** 차차 **점** 뜨물 **수**

〖풀이〗 향기 좋은 난초도 오래된 구정물에 담가 놓으면 악취가 밴다는 뜻으로, 착한 사람도 악인과 가까이 사귀면 좋지 않다는 말.

ㄴ

난형난제 難兄難弟

어려울 **난** 맏 **형** 어려울 **난** 아우 **제**

【풀이】 누구를 형이라 하고 누구를 아우라 하기가 어렵다는 뜻으로, 두 사물이나 사람이 엇비슷하여 우열을 가리기가 어려움을 비유하는 말.

남가일몽 南柯一夢

남녘 **남** 가지 **가** 한 **일** 꿈 **몽**

【풀이】 남쪽으로 뻗은 나뭇가지 아래서의 꿈이라는 뜻으로, 인간의 부귀와 공명은 한낱 꿈같다는 말로 인생의 덧없음을 비유하는 말.

남귤북지 南橘北枳

남녘 **남** 귤나무 **귤** 북녘 **북** 탱자 **지**

【풀이】 강남의 귤나무를 강북에 심으면 탱자나무로 변한다는 뜻으로, 사람은 환경에 따라 악해지기도 하고 착해지기도 한다는 말.

ㄴ

남남북녀 南男北女

남녘 **남** 남자 **남** 북녘 **북** 여자 **녀**

〖풀이〗 우리 나라에서 남자는 북쪽에 여자는 남쪽에 잘난 사람이 많다는 뜻으로, 예로부터 전해 내려 오는 말.

남부여대 男負女戴

남자 **남** 질 **부** 여자 **여** 일 **대**

〖풀이〗 남자는 등에 짐을 지고 여자는 머리에 인다는 뜻으로, 가난한 사람들이 집을 떠나 떠돌아다니는 것을 이르는 말.

남상 濫觴

넘칠 **남** 잔 **상**

〖풀이〗 큰 강도 처음에는 한잔 정도였다는 뜻으로, 무릇 모든 일의 시초는 가장 작은 것에서부터 시작된다는 말.

ㄴ

남선북마 南船北馬

남녘**남** 배**선** 북녘**북** 말**마**

〖풀이〗 옛날 중국에서 남부에서는 강이 많아 배를 이용하고 북부에서는 산이 많아 말을 이용한 데서 쉴새없이 여행함을 이르는 말.

남원북철 南轅北轍

남녘**남** 끌채**원** 북녘**북** 수레바퀴**철**

〖풀이〗 남쪽으로 가려고 하면서 수레는 북쪽으로 몰고 간다는 뜻으로, 행동이 마음과 일치하지 않는 것으로 목적과 서로 반대가 되거나 두 가지 사물이 정반대로 나가는 것을 비유하는 말.

남전생옥 藍田生玉

쪽**남** 밭**전** 날**생** 옥**옥**

〖풀이〗 남전에서 옥이 나온다는 뜻으로, 현명한 아버지가 재능 있는 아들을 낳은 것을 칭찬하는 말.

남중일색 男中一色

남자 **남** 가운데 **중** 한 **일** 빛 **색**

〖풀이〗 남자로서 얼굴이 아름답고 잘 생긴 사람을 이르는 말.

남취 濫吹

넘칠 **남** 불 **취**

〖풀이〗 악기를 엉터리로 부는 것을 뜻하며, 무능한 사람이 유능한 것처럼 속여서 높은 자리를 차지하는 것을 말한다.

남풍불경 南風不競

남녘 **남** 바람 **풍** 아닐 **불** 다툴 **경**

〖풀이〗 남방의 풍악은 지극히 미약하다는 뜻으로, 힘이나 기세가 약한 것을 말함.

ㄴ

낭중지추 囊中之錐

주머니 **낭** 가운데 **중** 갈 **지** 송곳 **추**

〖풀이〗 주머니 안의 송곳이라는 뜻으로, 송곳이 주머니 안에 들어 있어도 반드시 그 날카로운 끝을 드러내듯이, 재능이 뛰어난 사람은 세상을 피해 있어도 자연히 사람들에게 알려진다는 말.

내성불구 內省不疚

안 **내** 살필 **성** 아닐 **불** 오랜병 **구**

〖풀이〗 자신을 되돌아보고 아무리 반성을 해보아도 조금도 양심에 부끄러움이 없다는 것을 말하는 것으로, 마음이 결백함을 뜻한다.

내소외친 內疏外親

안 **내** 소통할 **소** 바깥 **외** 친할 **친**

〖풀이〗 속으로는 소홀히 하고 겉으로는 친하게 지내는 척하는 것을 뜻함.

ㄴ

내우외환 内憂外患

안**내** 근심**우** 바깥**외** 근심할**환**

〖풀이〗 집안의 근심과 밖의 재난이라는 뜻으로, 안팎의 여러 가지 근심 걱정을 일컫는 말.

내유외강 内柔外剛

안**내** 부드러울**유** 바깥**외** 굳셀**강**

〖풀이〗 겉으로는 단단하고 굳세 보이나 마음속은 부드럽고 순하다는 뜻.

내자가추 來者可追

올**내** 놈**자** 옳을**가** 쫓을**추**

〖풀이〗 과거의 일은 어찌할 수 없지만 미래의 일은 잘할 수 있다는 뜻.

ㄴ

내자불거 來者不拒

올내 놈자 아닐불 막을거

〖풀이〗 상대방의 의사를 존중하고 억지로 강요하지 않는 것을 말하며, 상대를 가리지 않고 사귀는 것을 뜻함.

내전보살 內殿菩薩

안내 큰집전 보살보 보살살

〖풀이〗 알고도 모른 체하고 무심하게 가만히 있는 사람을 비유하는 말.

내정돌입 內庭突入

안내 뜰정 갑자기돌 들어갈입

〖풀이〗 안마당에 돌입한다는 뜻으로, 남의 집에 주인의 허락도 없이 마음대로 쑥 들어간다는 말.

내청외탁 內淸外濁

안**내** 맑을**청** 바깥**외** 흐릴**탁**

〖풀이〗 속은 맑으나 겉으로는 흐린 체해야 난세를 살아갈 수 있다는 말.

냉난자지 冷暖自知

찰**냉** 따뜻할**난** 스스로**자** 알**지**

〖풀이〗 차고 더운 것을 자기 스스로 안다는 뜻으로, 불법(佛法)도 몸소 체험해야 깨달을 수 있다는 말.

노갑이을 怒甲移乙

성낼**노** 천간**갑** 바꿀**이** 둘째천간**을**

〖풀이〗 갑에게 노한 것을 을에게 옮긴다는 뜻으로, 어떤 일로 인하여 노한 것을 엉뚱한 데까지 옮겨 화낸다는 말.

ㄴ

노구능해 老嫗能解

늙을 **노** 할미 **구** 능할 **능** 풀 **해**

〖풀이〗 늙은 할머니도 다 이해한다는 뜻으로, 글을 이해하기 쉽게 쓰려고 노력하는 자세를 말한다.

노규어사 鷺窺魚事

해오라기 **노** 엿볼 **규** 물고기 **어** 일 **사**

〖풀이〗 해오라기가 평화롭게 노는 물고기를 본다는 뜻으로, 강자가 약자를 덮칠 기회를 노리고 있음을 비유하는 말.

노당익장 老當益壯

늙을 **노** 마땅할 **당** 더할 **익** 굳셀 **장**

〖풀이〗 늙었어도 기운이 더욱 씩씩하다는 뜻으로, 늙어서도 뜻과 기백을 더욱 굳세게 지녀야 한다는 말.

ㄴ

노류장화 路柳墻花

길노 버드나무류 담장 꽃화

〖풀이〗 길가의 버들과 담 밑의 꽃은 누구든지 쉽게 만지고 꺾을 수 있다는 뜻으로, 기생을 이르는 말.

노마십가 駑馬十駕

둔할노 말마 열십 수레가

〖풀이〗 둔한 말이 열 수레를 끈다는 뜻으로, 재주가 없는 사람이라도 열심히 하면 훌륭한 사람에 미칠 수 있음을 비유하는 말.

노마지지 老馬之智

늙을노 말마 갈지 지혜지

〖풀이〗 늙은 말의 지혜라는 뜻으로, 세상살이는 경험에 의하여 축적된 지혜가 난관 극복에 도움이 된다는 말.

ㄴ

노발충관 怒髮衝冠

성낼 **노** 터럭 **발** 찌를 **충** 관 **관**

〖풀이〗 심한 분노로 곤두선 머리털이 머리에 쓴 관을 치켜올린다는 뜻으로, 크게 성이 난 모습을 이르는 말.

노방잔읍 路傍殘邑

길 **노** 곁 **방** 해칠 **잔** 고을 **읍**

〖풀이〗 오며 가며 찾아오는 높은 벼슬아치들을 대접하느라고 피폐해진 작은 고을을 이르는 말.

노불습유 路不拾遺

길 **노** 아닐 **불** 주울 **습** 남을 **유**

〖풀이〗 길에 떨어진 남의 물건을 가지려는 짓은 하지 않는다는 뜻으로, 나라가 잘 다스려져 모든 백성이 매우 정직한 모습을 이르는 말.

노소부정　老少不定

늙을**노** 적을**소** 아닐**불** 정할**정**

【풀이】 죽음에는 노소가 따로 없다는 뜻으로, 사람의 수명은 나이와 무관함을 비유하여 이르는 말.

노승발검　怒蠅拔劍

성낼**노** 파리**승** 뺄**발** 칼**검**

【풀이】 귀찮게 구는 파리에 노하여 칼을 뺀다는 뜻으로, 작은 일에 화를 냄을 비유하는 말.

노안비슬　奴顔婢膝

사내종**노** 얼굴**안** 계집종**비** 무릎**슬**

【풀이】 얼굴은 사내종과 같이 비굴하고 몸은 계집종과 같이 놀린다는 뜻으로, 남에게 알랑거리는 더러운 태도를 이르는 말.

ㄴ

노어지오 魯魚之誤

노둔할 **노** 물고기 **어** 갈 **지** 그릇할 **오**

〖풀이〗 '魯' 자와 '魚' 자가 비슷하여 잘못 쓰기 쉽다는 뜻으로, 모든 비슷한 글자의 잘못 씀을 이르는 말.

노이무공 勞而無功

일할 **노** 말이을 **이** 없을 **무** 공 **공**

〖풀이〗 노력은 하지만 아무런 보람이 없다는 뜻으로, 수고만 하고 아무런 공이 없다는 말.

노이불사 老而不死

늙을 **노** 말이을 **이** 아닐 **불** 죽을 **사**

〖풀이〗 늙은 나이에 어려운 일이 자꾸 닥치어 괄사나워서 죽고 싶어도 죽지 아니함을 한탄하는 말.

ㄴ

노익장 老益壯

늙을 **노** 더할 **익** 씩씩할 **장**

〖풀이〗 늙을수록 건강하다는 뜻으로, 늙으면 늙을수록 더욱 굳은 의지를 갖춘다는 말. 또는, 나이가 들수록 건강에 힘써야 한다는 말.

노지남자 魯之男子

노둔할 **노** 갈 **지** 사내 **남** 아들 **자**

〖풀이〗 사람의 행위를 배우는 데는 그 외형을 배우지 말고 마음을 배워야 함을 이르는 말.

녹록지배 碌碌之輩

돌모양 **녹** 돌모양 **록** 갈 **지** 무리 **배**

〖풀이〗 남들보다 두드러진 데가 없는 그저 평범한 인물을 말함. 여기에서 '녹록'은 자갈처럼 굴러다니는 흔해빠진 것을 나타냄.

ㄴ

녹림 綠林

초록빛 **녹** 수풀 **림**

〖풀이〗 형주에 있는 푸른 산을 뜻하며, 도적떼가 우글거리는 소굴을 일컫는 말.

녹음방초 綠陰芳草

초록빛 **녹** 응달 **음** 꽃다울 **방** 풀 **초**

〖풀이〗 우거진 나무 그늘과 싱그러운 풀을 뜻하며, 주로 여름의 자연 경치를 이르는 말.

녹의사자 綠衣使者

초록빛 **녹** 옷 **의** 사신 **사** 놈 **자**

〖풀이〗 푸른 옷을 입은 사자라는 뜻으로, 앵무새를 달리 부르는 이름이다.

녹의홍상 綠衣紅裳

초록빛 **녹** 옷 **의** 붉을 **홍** 아랫도리옷 **상**

〖풀이〗 연두색 저고리와 다홍치마를 뜻하는 것으로, 젊은 여인의 고운 옷차림을 이르는 말.

논공행상 論功行賞

논할 **논** 보람 **공** 다닐 **행** 칭찬할 **상**

〖풀이〗 공로를 따져 상을 준다는 뜻으로, 세운 공을 평가하고 의논하여 표창을 하거나 상을 주는 것을 이른다.

농가성진 弄假成眞

회롱할 **농** 거짓 **가** 이룰 **성** 참 **진**

〖풀이〗 장난삼아 한 짓이 결과적으로는 짐심으로 한 것처럼 된다는 말.

ㄴ

농단 龍斷

언덕**농** 끊을**단**

〖풀이〗 깎아 세운 듯이 높이 솟은 언덕을 뜻하며, 이익이나 권력을 독점하는 것을 가리키는 말.

농병황지 弄兵潢池

회롱할**농** 병사**병** 못**황** 못**지**

〖풀이〗 하는 일이 아이들의 장난과 같다는 뜻으로, 하는 일이 아이들 장난과 같고 몹시 소란스럽다는 말.

농불실시 農不失時

농사**농** 아닐**불** 잃을**실** 때**시**

〖풀이〗 농사짓는 일은 제 때를 놓치지 말아야 한다는 뜻.

농조연운 籠鳥戀雲

대그릇**농** 새**조** 사모할**연** 구름**운**

〖풀이〗 새장 속의 새가 구름을 그리워한다는 뜻으로, 자유 없는 사람이 자유를 그리는 마음을 비유하는 말. 또는 고향 생각이 간절함을 비유한 말.

누란지위 累卵之危

포갤**누** 알**란** 갈**지** 위태로울**위**

〖풀이〗 쌓아 놓거나 포개 놓은 알을 뜻하는 것으로, 알을 쌓아 놓거나 포개 놓은 것처럼 몹시 위태로운 형세를 비유하는 말.

눌언민행 訥言敏行

말더듬을**눌** 말씀**언** 재빠를**민** 다닐**행**

〖풀이〗 사람은 말하기는 쉬워도 행하기는 어렵다는 뜻으로, 군자는 모름지기 말은 둔하여도 행동은 민첩해야 함을 이르는 말.

ㄴ

능견난사 能見難思

능할 **능** 볼 **견** 어려울 **난** 생각 **사**

〖풀이〗 능히 보고도 생각하기 어렵다는 뜻으로, 눈으로는 잘 볼 수 있으나 이치는 생각하기 어려운 일이라는 말.

능곡지변 陵谷之變

큰언덕 **능** 골 **곡** 갈 **지** 변할 **변**

〖풀이〗 높은 언덕과 골짜기가 바뀐다는 뜻으로, 세상일의 극심한 변천을 비유하는 말.

능서불택필 能書不擇筆

능할 **능** 글 **서** 아닐 **불** 가릴 **택** 붓 **필**

〖풀이〗 글씨를 잘 쓰는 사람은 붓을 가리지 않는다는 뜻으로, 재주나 능력이 최고에 이른 사람은 도구의 성능에 거리낌을 받지 않고 일을 잘 처리한다는 말.

능언지자미필능행 能言之者未必能行

능할 **능** 말씀 **언** 갈 **지** 놈 **자** 아닐 **미** 반드시 **필** 능할 **능** 다닐 **행**

〖풀이〗 말주변이 좋은 사람이 결코 말에 대한 실천을 잘 하는 것은 아니라는 뜻.

능운지지 陵雲之志

큰언덕 **능** 구름 **운** 갈 **지** 뜻 **지**

〖풀이〗 구름을 훨씬 넘는 높은 뜻을 말하는 것으로, 속세에 초연한 태도나 높은 지위에 오르려는 욕망을 비유하는 말.

능자다로 能者多勞

능할 **능** 놈 **자** 많을 **다** 수고할 **로**

〖풀이〗 재능이 있는 사람은 일을 잘하므로 필요 이상의 수고를 하게 된다는 말.

ㄷ

다기망양 多岐亡羊

맗을 **다** 갈림길 **기** 잃을 **망** 양 **양**

〖풀이〗 갈림길이 많아 양을 잃었다는 뜻으로, 학문에는 길이 많으므로 목적을 잊지 말라는 말. 또는 학문의 길은 여러 갈래라서 길을 잡기 어렵다는 말.

다다익선 多多益善

많을 **다** 많을 **다** 더할 **익** 착할 **선**

〖풀이〗 많을수록 더욱 더 좋다는 뜻으로, 감당할 능력이 있으면 많을수록 더욱 좋다는 말.

다사다난 多事多難

많을 **다** 일 **사** 많을 **다** 어려울 **난**

〖풀이〗 여러 가지 일도 많고 또 거기에 따르는 어려움도 많다는 말.

다언수궁 多言數窮

많을 **다** 말씀 **언** 셈 **수** 다할 **궁**

〖풀이〗 말이 많다보면 그로 인해 자주 곤경에 빠지는 일이 생긴다는 말.

다전선고 多錢善賈

많을 **다** 돈 **전** 착할 **선** 살 **고**

〖풀이〗 밑천이 많으면 앉아서도 돈을 번다는 뜻으로, 돈이 돈을 번다는 말.

ㄷ

단기지계 斷機之戒

끊을 **단** 베틀 **기** 갈 **지** 경계할 **계**

〖풀이〗 학업을 중도에 그만두는 것은 짜던 피륙의 날을 끊는 것과 같다는 뜻으로, 학업을 중도에 중단해서는 안 된다는 것을 경계하는 말.

단기지교 斷機之敎

끊을 **단** 베틀 **기** 갈 **지** 가르칠 **교**

〖풀이〗 베틀의 실을 자른다는 뜻으로, 하던 일을 도중에 그만두면 마치 베를 짜고 있던 베틀의 실을 잘라 버리는 것처럼 아무런 공이 없다는 말.

단도직입 單刀直入

홑 **단** 칼 **도** 곧을 **직** 들어갈 **입**

〖풀이〗 혼자서 칼을 휘두르며 거침없이 적지으로 쳐들어 간다는 뜻임. 또는 문장이나 언론의 서두를 빼고 바로 그 요점으로 풀이하여 들어간다는 말.

ㄷ

단순호치 丹脣皓齒

붉을 **단** 입술 **순** 깨끗할 **호** 이 **치**

〖풀이〗 붉은 입술과 하얀 이라는 뜻으로, 여자의 썩 아름다운 얼굴을 이르는 말.

단식표음 簞食瓢飮

대광주리 **단** 밥 **식** 박 **표** 마실 **음**

〖풀이〗 대그릇의 밥과 표주박의 물이라는 뜻으로, 가난한 생활을 말함.

단식두갱 簞食豆羹

대광주리 **단** 밥 **식** 콩 **두** 국 **갱**

〖풀이〗 대그릇에 담긴 밥과 작은 나무 그릇에 담긴 국이라는 뜻으로, 매우 검소하고 소박한 음식을 이르는 말.

ㄷ

단이감행귀신피지 斷而敢行鬼神避之

끊을 **단** 말이을 **이** 감히 **감** 다닐 **행** 귀신 **귀** 귀신 **신** 피할 **피** 갈 **지**

〖풀이〗 의지를 가지고서 일을 감행하면 어떠한 장애라 할지라도 능히 해낼 수가 있다는 뜻.

단장 斷腸

끊을 **단** 창자 **장**

〖풀이〗 창자가 끊어진다는 뜻으로, 견딜 수 없는 심한 슬픔이나 괴로움을 이르는 말.

단장취의 斷章取義

끊을 **단** 글 **장** 취할 **취** 옳을 **의**

〖풀이〗 남의 시문 중에서 작자의 본뜻이나 전체의 뜻에 구애되지 않고 자기가 필요한 부분만을 끊어 내어 빌려 쓰는 일.

단칠불문 丹漆不文

붉을 **단** 옻 **칠** 아닐 **불** 글월 **문**

〖풀이〗 본래부터 아름답고 훌륭한 것은 단장할 필요가 없다는 말.

달다어요 獺多魚擾

수달 **달** 많을 **다** 물고기 **어** 어지러울 **요**

〖풀이〗 수달이 많으면 물고기가 두려워서 혼란에 빠진다는 뜻으로, 벼슬아치가 법형을 많이 만들면 백성들이 여러 가지로 압박을 받아 편히 살아갈 수 없다는 말.

달인대관 達人大觀

통달할 **달** 사람 **인** 큰 **대** 볼 **관**

〖풀이〗 식견이 있고 분별력이 있는 사람은 사물을 올바르게 관찰할 수 있으며 올바른 판단을 내릴 수 있다는 뜻임. 또한 세상 만물은 변화를 되풀이하여 일정한 모습이 없다는 가르침이 들어 있다.

ㄷ

담대심소 膽大心小

쓸개**담** 큰**대** 마음**심** 작을**소**

〖풀이〗 사람은 담대하면서도 치밀한 주의력을 가져야 함을 이르는 말.

담소자약 談笑自若

말씀**담** 웃을**소** 스스로**자** 같을**약**

〖풀이〗 근심되는 일이나 놀라운 일을 당했을 때에도 이야기하고 웃고 하는 것이 평소의 태도와 조금도 다름이 없다는 말.

담여두대 膽如斗大

쓸개**담** 같을**여** 말**두** 큰**대**

〖풀이〗 배짱이 두둑해서 어떠한 일에도 꿈쩍 하지 않는다는 것을 비유하는 말.

담욕대이심욕소 膽欲大而心欲小

쓸개 **담** 하고자할 **욕** 큰 **대** 말이을 **이** 마음 **심** 하고자할 **욕** 작을 **소**

〖풀이〗 대담무쌍한 동시에 주도면밀하고 섬세한 마음을 가지고 있는 것이 이상적인 사람이라는 뜻.

담하용이 談何容易

말씀 **담** 어찌 **하** 얼굴 **용** 쉬울 **이**

〖풀이〗 무슨 일이든지 입으로 말하는 것은 쉽지만 실제로 해보면 쉽지 않으므로 쉽게 입을 여는 짓은 삼가야 한다는 말.

담호호지 談虎虎至

말씀 **담** 범 **호** 범 **호** 이를 **지**

〖풀이〗 호랑이도 제 말하면 온다는 뜻으로, 화제의 대상이 될 사람이 우연케도 그 자리에 나타났을 때 하는 말.

ㄷ

당구지락 堂構之樂

집 **당** 얽을 **구** 갈 **지** 즐길 **락**

〖풀이〗 아들이 아버지의 사업을 계승하여 이루는 즐거움을 말함.

당국자미 當局者迷

마땅할 **당** 판 **국** 사람 **자** 헤맬 **미**

〖풀이〗 직접 그 일을 맡고 있는 사람이 오히려 그 실지 사정에는 어둡다는 뜻.

당금무배 當今無輩

마땅할 **당** 이제 **금** 없을 **무** 무리 **배**

〖풀이〗 이 세상에서 같이 어깨를 겨눌 만한 사람이 없다는 말.

당대발복 當代發福

마땅할 **당** 대신할 **대** 필 **발** 복 **복**

〖풀이〗 부모를 좋은 묏자리에 장사함으로서 그 아들이 곧 부귀를 누리게 됨을 이르는 말.

당동벌이 黨同伐異

무리 **당** 한가지 **동** 칠 **벌** 다를 **이**

〖풀이〗 일의 옳고 그름을 가리지 않고 자기와 같은 패의 사람은 돕고 자기와 다른 패의 사람은 배척하는 것을 비유하여 이르는 말.

당랑거철 螳螂拒轍

사마귀 **당** 사마귀 **랑** 막을 **거** 바퀴자국 **철**

〖풀이〗 사마귀가 앞발을 들고 수레바퀴를 막는다는 뜻으로, 미약한 자기 분수도 모르고 되지도 않는 일을 하려고 덤벼드는 무모한 짓을 비유하는 말.

ㄷ

당랑박선 蟷螂搏蟬

사마귀 **당** 사마귀 **랑** 잡을 **박** 매미 **선**

〖풀이〗 눈앞에 보이는 욕심에만 눈이 어두워 자신에게 닥치는 위험을 모르고 있다가 큰 재난을 만난다는 말.

당랑지부 蟷螂之斧

사마귀 **당** 사마귀 **랑** 갈 **지** 도끼 **부**

〖풀이〗 힘이 약한 자신은 생각질 않고 힘이 강한 상대에게 덤벼드는 것을 말함.

당래지직 當來之職

마땅할 **당** 올 **래** 갈 **지** 벼슬 **직**

〖풀이〗 신분에 알맞은 벼슬이나 직분 또는 마땅히 차례가 돌아올 벼슬이나 직분을 이르는 말.

대간사충 大姦似忠

큰 **대** 간사할 **간** 같을 **사** 충성 **충**

〖풀이〗 간사한 사람은 매우 교묘해서 언뜻 보기에는 충성을 다하는 것처럼 보인다는 말.

대갈일성 大喝一聲

큰 **대** 더위먹을 **갈** 한 **일** 소리 **성**

〖풀이〗 호되게 꾸짖는 것이나 커다란 목소리로 고함을 치는 것을 뜻함.

대공무사 大公無私

큰 **대** 공정할 **공** 없을 **무** 사사로이할 **사**

〖풀이〗 모든 일에 사가 없다는 뜻으로, 일 처리가 개인적인 감정이 없고 공정하고 바르다는 말.

대교약졸 大巧若拙

큰 **대** 공교할 **교** 같을 **약** 졸할 **졸**

〖풀이〗 정말 현명한 사람은 꾀도 쓰지 않고 자랑도 하지 않으므로 겉으로는 어리석게 보인다는 말.

대기만성 大器晩成

큰 **대** 그릇 **기** 늦을 **만** 이룰 **성**

〖풀이〗 큰 그릇은 늦게 만들어진다는 뜻으로, 큰 일이나 큰 인물은 쉽게 만들어지지 않고 온갖 어려움을 거친 후에야 비로서 이루어진다는 말.

대기소용 大器小用

큰 **대** 그릇 **기** 작을 **소** 쓸 **용**

〖풀이〗 적재적소가 아니라는 뜻으로, 큰 인물을 하찮은 일에 기용하거나 재능이 뛰어난 인물을 재능보다 낮은 지위에 놓고 그 재능을 살리지 못하게 하는 것을 말함.

대도무문 大道無門

큰대 길도 없을무 문문

〖풀이〗 사람으로서 마땅히 지켜야 할 큰 도리나 바른 길에는 거칠 것이 없다는 뜻으로, 누구나 그 길을 걸으면 승리자가 될 수 있다는 말.

대무지년 大無之年

큰대 없을무 갈지 해년

〖풀이〗 수확할 곡식이 전혀 없을 정도로 심한 흉년을 말함.

대분망천 戴盆望天

일대 동이분 바랄망 하늘천

〖풀이〗 동이를 머리에 이면 하늘을 바라볼 수 없고 하늘을 바라보려면 동이를 일 수 없다는 뜻으로, 두 가지 일을 동시에 할 수 없다는 비유의 말.

ㄷ

대상입덕 大上立德

큰대 위상 설입 덕덕

〖풀이〗 사람의 가장 훌륭한 행실은 덕을 닦아 세상을 다스리어 사람을 구제하는 데 있다는 말.

대성이왕 戴星而往

일대 별성 말이을이 갈왕

〖풀이〗 별을 이고 간다는 뜻으로, 날이 새기 전에 일찍 일어나 집을 나선다는 말.

대안지화 對岸之火

마주볼대 언덕안 갈지 불화

〖풀이〗 강 건너 불이라는 뜻으로, 어떤 일이 자기에게는 아무 관계도 없다는 듯이 관심이 없음을 이르는 말.

ㄷ

대언불참 大言不慙

큰 **대** 말씀 **언** 아닐 **불** 부끄러울 **참**

〖풀이〗 실천하지 못한 일을 말로만 떠들어 대고 부끄러운 생각조차 느끼지 못하는 것을 말함.

대우탄금 對牛彈琴

마주볼 **대** 소 **우** 탄알 **탄** 거문고 **금**

〖풀이〗 소를 마주 대하여 거문고를 뜯는다는 뜻으로, 아무리 좋은 것이라고 해도 그것을 이해할 수 없는 사람에게는 쓸모없다는 말.

대의멸친 大義滅親

큰 **대** 옳을 **의** 멸망할 **멸** 친할 **친**

〖풀이〗 대의를 위해서는 친족도 멸한다는 뜻으로, 국가나 사회의 커다란 정의를 세우기 위해서는 부모 형제의 정도 돌보지 않는다는 말.

ㄷ

대인호변 大人虎變

큰 **대** 사람 **인** 범 **호** 변할 **변**

〖풀이〗 큰 사람의 언행은 호랑이의 줄무늬처럼 확실하게 변해 보인다는 뜻으로, 훌륭한 군주가 세상을 개혁할 때는 조리가 있어 아주 명쾌하다는 말.

대장불착 大匠不斲

큰 **대** 장인 **장** 아닐 **불** 깍을 **착**

〖풀이〗 솜씨있는 대목은 나무를 깎기 전부터 재목의 곡직을 알 듯이 도를 아는 사람은 일을 행하기 전부터 그 득실을 안다는 말.

대지여우 大智如愚

큰 **대** 슬기 **지** 같을 **여** 어리석을 **우**

〖풀이〗 지혜가 많은 사람은 견해나 이론 따위가 아주 깊고 오묘하여 겉으로 보기에는 어리석게 보일지라도 그렇지 않다는 말.

ㄷ

대차무예 大車無輗

큰**대** 수레**차** 없을**무** 끌채끝쐐기**예**

〖풀이〗 소달구지의 채에 마구리가 없다는 뜻으로, 신용이 없는 사람은 세상에서 받아들이지 않는다는 말.

대풍가 大風歌

큰**대** 바람**풍** 노래**가**

〖풀이〗 큰 바람이 불어 구름을 흩날린다는 뜻으로, 한 고조 유방의 뜻을 읊은 노래.

대하장전비일목소지 大厦將顚非一木所支

큰**대** 처마**하** 장차**장** 꼭대기**전** 아닐**비** 한**일** 나무**목** 바**소** 가를**지**

〖풀이〗 나라가 망해가고 있을 때에는 한 사람의 힘으로 어쩔 수 없으며, 많은 사람들이 나쁜 방향으로 흘러가고 있을 때에는 한 사람의 힘으로는 어떻게 해볼 방법이 없다는 비유의 말.

대한불갈 大旱不渴

큰**대** 가물**한** 아닐**불** 마를**갈**

〖풀이〗 아무리 오래 가물어도 마르지 않을 만큼 샘이 나 물이 많음을 이르는 말.

대한색구 大寒索裘

큰**대** 찰**한** 찾을**색** 갖옷**구**

〖풀이〗 추위가 혹독해지고 난 다음에서야 부랴부랴 두꺼운 옷을 구한다는 뜻으로, 일이 터지고 난 다음에 대처를 하면 늦는다는 비유의 말.

대한자우 大旱慈雨

큰**대** 가물**한** 사랑**자** 비**우**

〖풀이〗 큰 가뭄에 자애로운 비라는 뜻으로, 어지러운 세상에 인의(仁義)의 정치를 베풀 임금이 나타나기를 갈망함을 비유한 말.

대행불고세근 大行不顧細謹

큰대 다닐행 아닐불 돌아볼고 가늘세 삼갈근

〖풀이〗 큰일을 이루고자 할 때에는 하찮은 일에 구애를 받을 필요가 없다는 말.

덕무상사 德無常師

덕덕 없을무 항상상 스승사

〖풀이〗 덕을 닦는데는 정해진 스승이 따로 없다는 말.

덕불고 德不孤

덕덕 아닐불 외로울고

〖풀이〗 덕이 있는 사람이나 인격을 갖춘 사람은 결코 고립되는 일이 없으며, 반드시 따르는 사람이 있게 마련이라는 말.

ㄷ

도견상부 道見桑婦

길 **도** 볼 **견** 뽕나무 **상** 아내 **부**

〖풀이〗 길에서 뽕잎 따는 여자를 보고 몰래 정을 통한다는 뜻으로, 눈앞의 일시적인 이익을 좇다가 가지고 있던 것까지 모두 잃게 됨을 비유하는 말.

도견와계 陶犬瓦鷄

질그릇 **도** 개 **견** 기아 **와** 닭 **계**

〖풀이〗 흙으로 빚은 개와 닭이라는 뜻으로, 겉모양만 훌륭할 뿐 아무 짝에도 쓸모없는 사람을 비유하는 말.

도량방자 跳踉放恣

달아날 **도** 뛸 **량** 내칠 **방** 방자할 **자**

〖풀이〗 말이나 행동 따위가 너무 똑똑하게 굴어서 아무 거리낌이 없는 모양을 말함.

도로무공 徒勞無功

무리 도 일할 로 없을 무 공 공

〖풀이〗 노력에도 불구하고 아무런 보람이나 이익이 없다는 뜻.

도로이목 道路以目

길 도 길 로 써 이 눈 목

〖풀이〗 불평불만을 겉으로 드러낼 수가 없기 때문에 눈으로 그 뜻을 전달하는 것을 말함.

도룡지기 屠龍之技

잡을 도 용 룡 갈 지 재주 기

〖풀이〗 용을 잡는 기술을 뜻하는 것으로, 대단한 재주 같으나 사실은 전혀 쓸모없는 재주를 이르는 말.

ㄷ

도리불언 하자성혜 桃李不言 下自成蹊

복숭아나무**도** 오얏**리** 아닐**불** 말씀**언** 아래**하** 스스로**자** 이룰**성** 지름질**혜**

〖풀이〗 복숭아와 자두는 꽃이 곱고 열매가 맛있어 찾아오는 사람이 많아 절로 길이난다는 뜻으로, 군자에게는 절로 사람들이 모이게 된다는 것을 비유하는 말.

도리상영 倒履相迎

거꾸로**도** 신발**리** 서로**상** 맞이할**영**

〖풀이〗 신발을 거꾸로 신는다는 뜻으로, 손님을 반갑게 맞이하는 것을 비유하는 말.

도모시용 道謨是用

길**도** 꾀할**모** 옳을**시** 쓸**용**

〖풀이〗 길가에 집을 지으면서 행인과 상의하면 각자 생각이 구구하여 일치되지 않는다는 뜻으로, 타인의 말만 좇아서는 일이 성사될 수 없음을 비유하는 말.

ㄷ

도문질타 到門叱咤

이를 **도** 문 **문** 꾸짖을 **질** 노루 **타**

〖풀이〗 남의 집 문앞에 이르러서 꾸짖고 책망한다는 말.

도방고리 道傍苦李

길 **도** 곁 **방** 쓸 **고** 오얏 **리**

〖풀이〗 길가의 오얏나무 열매는 쓰다는 말로, 많은 사람들이 무시하는 것은 반드시 그럴만한 이유가 있다는 말.

도불과오녀문 盜不過五女門

훔칠 **도** 아닐 **불** 지날 **과** 다섯 **오** 여자 **녀** 문 **문**

〖풀이〗 도둑도 딸이 다섯이나 있는 집에는 들어가서 물건을 훔치지 않는다는 뜻으로, 이는 딸을 다섯이나 키우는 데에는 많은 돈이 들어 그 집엔 값나가는 물건이나 돈이 없다는 것이다.

ㄷ

도불습유 道不拾遺

길 **도** 아닐 **불** 주울 **습** 끼칠 **유**

〖풀이〗 길에 떨어진 것을 줍지 않는다는 뜻으로, 법이 엄격하게 집행되어 길바닥에 떨어진 물건을 줍지 않을 만큼 나라가 잘 다스려 진다는 것을 비유하는 말.

도비순설 徒費脣舌

무리 **도** 쓸 **비** 입술 **순** 혀 **설**

〖풀이〗 헛되이 입술과 혀만 수고롭게 한다는 뜻으로, 부질없이 보람없는 말을 늘어놓는 것을 말함.

도삼이사 挑三李四

복숭아 **도** 석 **삼** 오얏 **리** 넉 **사**

〖풀이〗 복숭아나무는 3년, 오얏(자두)나무는 4년을 길러야 수확할 수 있다는 뜻으로, 무슨 일이든 이루어지는 데에는 그에 따른 시간이 필요하다는 말.

도상가도 睹上加睹

볼도 위상 더할가 볼도

〖풀이〗 일이 거듭되면 될수록 어려움이나 부담이 보다 가중됨을 이르는 말.

도소지양 屠所之羊

죽일도 바소 갈지 양양

〖풀이〗 도살장으로 끌려가는 양이라는 뜻으로, 다 죽게 된 불행한 처지에 있는 사람을 비유한 말.

도요시절 桃夭時節

복숭아나무도 젊을요 때시 토막절

〖풀이〗 복사꽃이 아름답게 피는 시절이라는 뜻으로, 처녀가 시집가기에 아주 좋은 꽃다운 시절을 이르는 말.

ㄷ

도원결의 桃園結義

복숭아나무 **도** 동산 **원** 맺을 **결** 옳을 **의**

〖풀이〗 복숭아동산에서 의형제를 맺는 다는 뜻으로, 《삼국지연의》에 등장하는 유비 · 관우 · 장비가 의형제를 맺은 것을 말함.

도원경 桃源境

복숭아나무 **도** 도원 **원** 자경 **경**

〖풀이〗 속세를 떠난 별천지를 뜻하는 것으로, 이상향의 세계를 말함.

도원낙토 桃源樂土

복숭아나무 **도** 근원 **원** 즐거울 **락** 흙 **토**

〖풀이〗 극락세계를 비유하는 말.

도원일모 道遠日暮

길**도** 멀**원** 해**일** 저물**모**

〖풀이〗 해는 저물고 갈 길은 멀다는 뜻으로, 틈이 없고 바쁘다는 뜻으로 쓰인다.

도원지기 道遠知驥

길**도** 멀**원** 알**지** 천리마**기**

〖풀이〗 천리를 달리는 말의 기능은 먼 길을 간 연후에 비로서 세상에 알려진다는 말.

도절시진 刀折矢盡

칼**도** 꺽을**절** 화살**시** 다할**진**

〖풀이〗 칼이 부러지고 화살이 다했다는 뜻으로, 기진맥진하여 싸울 기력이 없음을 이르는 말.

ㄷ

도종엄이 盜鐘掩耳

훔칠 **도** 종 **종** 가릴 **엄** 귀 **이**

〖풀이〗 종소리가 남에게 들릴 것이 두려워 자기 귀를 틀어막고 종을 훔친다는 뜻으로, 얕은 꾀를 부려 자기 스스로를 기만하는 일을 비유한 말.

도주지부 陶朱之富

질그릇 **도** 붉을 **주** 갈 **지** 부자 **부**

〖풀이〗 도주와 의돈과 같은 큰 부자를 뜻하며, 막대한 재산이나 돈이 많은 부자를 이르는 말.

도청도설 道聽塗說

길 **도** 들을 **청** 진흙 **도** 말씀 **설**

〖풀이〗 큰 길에서 듣고 작은 길에서 말한다는 뜻으로, 길거리에 떠돌아다니는 뜬 소문을 곧바로 다른 사람에게 옮긴다는 말.

도탄지고 塗炭之苦

진흙도 숯탄 갈지 쓸고

〖풀이〗 진흙 수렁이나 숯불에 떨어진 고통을 뜻하며, 민생고가 극심한 지경에 이른 상황을 비유하는 말.

도행역시 倒行逆施

넘어질도 다닐행 거스를역 베풀시

〖풀이〗 거꾸로 행하고 거슬러 시행한다는 뜻으로, 도리에 순종하지 않고 일을 행하며 상도(常道)에 벗어나서 일을 억지로 하는 것을 말함.

도회 韜晦

감출도 그믐회

〖풀이〗 재능이나 학문, 지위나 본연의 마음을 숨기고 겉으로 드러내지 않는 것을 말함.

ㄷ

독당일면 獨當一面

홀로 **독** 마땅히 **당** 한 **일** 얼굴 **면**

〖풀이〗 혼자서 단독으로 한 방면이나 한 부문의 임무를 담당하는 것을 비유하는 말.

독보천하 獨步天下

홀로 **독** 걸음 **보** 하늘 **천** 아래 **하**

〖풀이〗 세상에서 경쟁 상대가 없을 정도로 뛰어난 재능을 가진 것을 말함.

독불장군 獨不將軍

홀로 **독** 아닐 **불** 장수 **장** 군사 **군**

〖풀이〗 혼자서는 장군이 될 수 없다는 뜻으로, 혼자 잘난 체하며 뽐내면 남에게 핀잔받고 고립된 처지에 놓임을 이르는 말.

독서망양 讀書亡羊

읽을**독** 글서 잃을**망** 양**양**

〖풀이〗 책을 읽다가 양을 잃어버린다는 뜻으로, 다른 일에 정신이 팔려 중요한 일을 소홀히 하거나, 마음이 다른 데에 있어 도리를 잃어버리는 것을 이르는 말.

독서백편의자현 讀書百遍意自現

읽을**독** 글서 일백**백** 두루**편** 뜻**의** 스스로**자** 나타날**현**

〖풀이〗 책을 백 번 읽으면 그 뜻은 저절로 드러난다는 뜻으로, 아무리 어려운 책이라 할지라도 백번 되풀이해서 읽으면 저절로 그 뜻을 알게 된다는 말.

독서삼도 讀書三到

읽을**독** 글서 석**삼** 이를**도**

〖풀이〗 독서를 할 때는 눈으로 보고, 입으로 읽고, 마음으로 이해해야 된다는 뜻.

ㄷ

독서삼매 讀書三昧

읽을**독** 글**서** 석**삼** 어두울**매**

〖풀이〗 딴 생각은 않고 오직 책 읽기에만 골몰한다는 말.

독서삼여 讀書三餘

읽을**독** 글**서** 석**삼** 남을**여**

〖풀이〗 책 읽기에 알맞은 한가한 시간 세가지를 뜻하는 것으로, 겨울과 밤과 비가 내릴 때를 말함.

독수공방 獨守空房

홀로**독** 지킬**수** 빌**공** 곁방**방**

〖풀이〗 결혼한 여자가 남편 없이 혼자 밤을 지내는 일을 말함.

ㄷ

독안룡 獨眼龍

홀로 독 눈 안 용 룡

〖풀이〗 눈이 하나이지만 용기 있는 사람을 뜻하며, 사납고 용맹한 장수를 일컫는 말.

독장난명 獨掌難鳴

홀로 독 손바닥 장 어지러울 난 울 명

〖풀이〗 손바닥 혼자는 소리를 내지 못한다는 뜻으로, 맞장구가 없으면 저 혼자 그러다 만다는 말.

독지지계 獨知之契

홀로 독 알 지 갈 지 맺을 계

〖풀이〗 미리 짐작하거나 혼자만 알고 있는 듯이 속단을 한다는 뜻으로, 자기 혼자만 이해하고 남에게는 알려주지 않는 것을 말함.

ㄷ

독학고루 獨學孤陋

홀로 **독** 배울 **학** 외로울 **고** 좁을 **루**

〖풀이〗 독학으로 공부한 사람은 견문이 좁아 학문의 정도(正道)에 들기 힘들다는 말.

돈수재배 頓首再拜

조아릴 **돈** 머리 **수** 두번 **재** 절 **배**

〖풀이〗 머리를 땅에 닿도록 조아려 절을 두 번 한다는 뜻으로, 편지의 첫머리나 끝에 경의를 표함이라는 뜻으로 쓰는 말.

돈제일주 豚蹄一酒

돼지 **돈** 굽 **제** 한 **일** 술 **주**

〖풀이〗 돼지 발굽과 술 한 잔이라는 뜻으로, 변변치 못한 음식 또는 물건을 말함.

돌돌괴사 乭乭怪事

허찰**돌** 허찰**돌** 괴이할**괴** 일**사**

〖풀이〗 매우 괴상한 일을 뜻하며, 일이 이상할 정도로 기괴하게 벌어져서 이해가 안 될 정도로 뜻밖의 일을 비유하는 말.

동가식서가숙 東家食西家宿

동녘**동** 집**가** 먹을**식** 서녘**서** 집**가** 잘**숙**

〖풀이〗 동쪽 집에서 먹고 서쪽 집에서 잠을 잔다는 뜻으로, 일정한 거처가 없이 떠돌아다니며 이 집 저 집에서 얻어먹고 지냄을 비유하는 말.

동가지구 東家之丘

동녘**동** 집**가** 갈**지** 언덕**구**

〖풀이〗 남의 진가를 알지 못하고 도리어 경멸함을 비유하는 말.

동가홍상 同價紅裳

같을 **동** 값 **가** 붉을 **홍** 아랫도리옷 **상**

【풀이】 같은 값이면 다홍치마라는 뜻으로, 같은 값이면 좋은 것을 택한다는 말.

동공이곡 同工異曲

같을 **동** 장인 **공** 다를 **이** 가락 **곡**

【풀이】 기술이나 재주는 같으나 그 곡조는 다르다는 뜻으로, 겉만 다를 뿐 내용은 똑같다는 의미로 경멸의 뜻을 담아 쓰이는 말.

동기상구 同氣相求

같을 **동** 기운 **기** 서로 **상** 구할 **구**

【풀이】 마음이 맞는 사람은 서로를 알아보고서 모여든다는 뜻. 서로 마음이 맞는 사람끼리를 가리키기도 함.

동량지재 棟樑之材

마룻대 동 들보 량 갈 지 재목 재

【풀이】 한 집안이나 한 나라의 기둥이 될 만한 인물을 말함.

동문서답 東問西答

동녘 동 물을 문 서녘 서 대답할 답

【풀이】 동쪽에서 묻고 서쪽에서 대답한다는 뜻으로, 묻는 말에 아주 다른 엉뚱한 대답을 한다는 말.

동문수학 同門修學

같을 동 문 문 닦을 수 배울 학

【풀이】 한 스승 또는 한 학교에서 같이 학문을 닦고 배운다는 말.

ㄷ

동미상투 同美相妒

같을 **동** 아름다울 **미** 서로 **상** 투기할 **투**

〖풀이〗 같은 수준의 미인은 서로 시샘한다는 뜻으로, 같은 정도의 실력자나 동업자는 서로 적대시 한다는 말.

동방화촉 洞房花燭

골 **동** 방 **방** 꽃 **화** 촛불 **촉**

〖풀이〗 부인의 방에 촛불이 아름답게 비친다는 뜻으로, 신혼의 첫날밤을 말함

동병상련 同病相憐

같을 **동** 병 **병** 서로 **상** 불쌍히여길 **련**

〖풀이〗 같은 병을 앓고 있는 사람끼리 서로 가엾게 여긴다는 뜻으로, 어려운 처지에 있는 비슷한 사람끼리 서로 도우며 살아가는 것을 이르는 말.

동분서주 東奔西走

동녘**동** 달릴**분** 서녘**서** 달릴**주**

〖풀이〗 이리저리 분주히 돌아다니고 여가가 없음을 이르는 말.

동산재기 東山再起

동녘**동** 산**산** 다시**재** 일어날**기**

〖풀이〗 어떤 일을 그만두었다가 다시 시작한다는 뜻으로, 어떤 일이나 벼슬을 그만두었다가 다시 하게 되는 경우에 쓰이는 말.

동상이몽 同床異夢

같을**동** 평상**상** 다를**이** 꿈**몽**

〖풀이〗 같은 침상에서 자면서 서로 다른 꿈을 꾼다는 뜻으로, 겉으로는 같이 행동하면서 속으로는 각기 다른 생각을 함을 이르는 말. 일을 함께 하고 있으나 저마다 속마음은 다르다는 것을 비유하는 말.

동서불변 東西不辨

동녘 **동** 서녘 **서** 아닐 **불** 분별할 **변**

【풀이】 동쪽과 서쪽을 분별하지 못할 정도로 아무것도 모른다는 말.

동선하로 冬扇夏爐

겨울 **동** 부채 **선** 여름 **하** 화로 **로**

【풀이】 겨울 부채와 여름 화로라는 뜻으로, 때에 맞지 않아 쓸데없는 사물을 비유하여 이르는 말.

동성이속 同性異俗

같을 **동** 성품 **성** 다를 **이** 풍습 **속**

【풀이】 사람의 천성은 본래 한 가지인데 교육이나 환경 등 후천적인 요인에 따라서 여러 가지로 변한다는 말.

동악상조 同惡相助

갈을 **동** 악할 **악** 서로 **상** 도울 **조**

〖풀이〗 나쁜 사람이라도 그들의 목적을 달성하기 위해서는 서로 돕고 힘을 합한다는 뜻.

동온하정 冬溫夏情

겨울 **동** 따뜻할 **온** 여름 **하** 뜻 **정**

〖풀이〗 겨울에는 따뜻하게 여름에는 서늘하게 한다는 뜻으로, 부모를 섬기는 도리를 말함.

동우각마 童牛角馬

아이 **동** 소 **우** 뿔 **각** 말 **마**

〖풀이〗 뿔이 없는 송아지와 뿔이 있는 말이라는 뜻으로, 도리에 어긋남을 비유하는 말.

ㄷ

동우상구 同憂相救

같을 **동** 근심 **우** 서로 **상** 도울 **구**

〖풀이〗 같은 걱정이 있는 사람끼리 서로 동정하고 돕는다는 말.

동이불화 同而不和

같을 **동** 말이을 **이** 아닐 **불** 화할 **화**

〖풀이〗 겉으로는 동의를 표시하면서도 내심으로는 그렇지 않다는 말.

동족방뇨 凍足放尿

동녘 **동** 발 **족** 놓을 **방** 오줌 **뇨**

〖풀이〗 언 발에 오줌을 누어서 녹인다는 뜻으로, 일시 구급은 되나 곧 효력이 없어질 뿐만 아니라 오히려 더 악화됨을 이르는 말.

ㄷ

동주상구 同舟相救

갈을 **동** 배 **주** 서로 **상** 도울 **구**

〖풀이〗 서로 알고 모르고를 떠나 위급한 경우를 만났을 때는 서로 도와주게 됨을 비유한 말.

동취 銅臭

구리 **동** 냄새 **취**

〖풀이〗 구리돈에서 풍기는 냄새라는 뜻으로, 돈으로 관직을 얻은 사람을 비웃을 때 쓰는 말.

동행서주 東行西走

동녘 **동** 다닐 **행** 서녘 **서** 달릴 **주**

〖풀이〗 되는 일도 없으면서 여러 곳으로 바삐 돌아다님을 이르는 말.

ㄷ

동호직필 董狐直筆

바로잡을 **동** 여우 **호** 곧을 **직** 붓 **필**

〖풀이〗 동호의 곧은 붓을 뜻하며, 권세를 두려워하지 않고 사실을 그대로 기록하여 역사에 남기는 것을 말한다.

두주불사 斗酒不辭

말 **두** 술 **주** 아닐 **불** 사양할 **사**

〖풀이〗 말술도 사양하지 않는다는 뜻으로, 술을 엄청나게 많이 마실 수 있다는 말.

득기소재 得其所哉

얻을 **득** 그 **기** 바 **소** 어조사 **재**

〖풀이〗 알맞은 자리를 얻는다는 뜻으로, 자신의 능력이나 뜻에 부합해서 자신의 처지가 만족스러운 상태에 놓여 있음을 비유하는 말.

득롱망촉 得隴望蜀

얻을 **득** 땅이름 **롱** 바랄 **망** 나라이름 **촉**

〖풀이〗 농서 지방을 얻고 나니 촉의 땅을 갖고 싶다는 뜻으로, 인간의 욕심은 끝이 없으며 만족할 줄을 모르고 계속해서 욕심을 부리는 것을 말한다.

득부실부 得斧失斧

얻을 **득** 도끼 **부** 잃을 **실** 도끼 **부**

〖풀이〗 얻은 도끼가 자기가 잃어버린 도끼와 비슷하다는 뜻으로, 좀 손해는 보았지만 그만큼 또 이익도 있어 별로 손해라고는 할 수 없다는 말.

득실상반 得失相半

얻을 **득** 잃을 **실** 서로 **상** 절반 **반**

〖풀이〗 얻은 것과 잃은 것이 서로 반반이어서 별로 이득도 없고 손해도 없다는 말.

ㄷ

득어망전 得魚忘筌

얻을**득** 물고기**어** 잊을**망** 통발**전**

〖풀이〗 물고기를 잡고나면 통발은 잊어버린다는 뜻으로, 어떤 일에 대한 목적을 이루면 그 때까지 수단으로 이용하던 물건을 잊어버린다는 말.

등고필자비 登高必自卑

오를**등** 높을**고** 반드시**필** 스스로**자** 낮을**비**

〖풀이〗 모든 사물은 순서와 단계를 거쳐서 행해야 한다는 뜻으로, 어떤 일이든 필요한 순서가 있게 마련이고 그것을 지키지 않고서는 할 수 없다는 말.

등용문 登龍門

오를**등** 용**룡** 문**문**

〖풀이〗 용문에 오른다는 뜻으로, 관리가 되는 길과 또는 뜻을 이루어 크게 영달함을 비유하는 말.

등하불명 燈下不明

오를**등** 아래**하** 아닐**불** 밝을**명**

〖풀이〗 등잔 밑이 어둡다는 뜻으로, 가까이 있어도 보이지 않음을 비유한 말.

등화가친 燈火可親

등잔**등** 불**화** 옳을**가** 친할**친**

〖풀이〗 가을밤은 기후도 알맞고 밤도 길어 등불을 가까이 하여 글을 읽기에 좋다는 말.

ㅁ

마부작침 磨斧作針

갈마 도끼부 지을작 바늘침

〖풀이〗 도끼를 갈아서 바늘을 만든다는 뜻으로, 아무리 어려운 일이라도 참고 계속하면 언젠가는 반드시 성공함을 비유하는 말.

마수시첨 馬首是瞻

말마 머리수 옳을시 볼첨

〖풀이〗 말머리를 따라 움직인다는 뜻으로, 한 사람의 뜻을 좇아 일사불란하게 행동하는 것을 비유하는 말.

마우금거 馬牛襟裾

말 마 소 우 옷깃 금 옷자락 거

〖풀이〗 말이나 소가 옷을 입고 있는 것과 다를바가 없다는 뜻으로, 학식이나 예의가 없는 사람을 조롱하는 말.

마이동풍 馬耳東風

말 마 귀 이 동녘 동 바람 풍

〖풀이〗 말의 귀에 동풍이 불어도 전혀 느끼지 못한다는 뜻으로, 남의 말을 귀담아 듣지 않고 그대로 흘려버리는 것을 비유하는 말.

마중지봉 痲中之蓬

삼 마 가운데 중 갈 지 쑥 봉

〖풀이〗 구부러진 쑥도 꼿꼿한 삼밭에 나면 자연 꼿꼿하게 자란다는 뜻으로, 환경에 따라 악도 선으로 고쳐갈 수 있다는 말. 또는 가르침을 받을 만한 좋은 친구를 사귀어야 한다는 말.

마피모장 馬疲毛長

말마 지칠피 털모 길장

〖풀이〗 피로한 말은 몸이 마르고 털만 길게 자란다는 것을 비유하는 말.

마혁과시 馬革裹尸

말마 가죽혁 꽃송이과 주검시

〖풀이〗 말가죽에 시체를 담는다는 뜻으로, 싸움터에 나가기 전에 전의(戰意)를 가다듬는 각오를 비유하는 말.

막고야산 藐姑射山

멀막 시어미고 벼슬이름야 산산

〖풀이〗 옥황상제가 산다는 산을 뜻하는 것으로, 이곳에는 신인(神人)이 살고 있어 인간세상과는 전혀 다른 별천지를 이루고 있다.

막역지우 莫逆之友

없을 **막** 거스를 **역** 갈 **지** 벗 **우**

〖풀이〗 서로 거스림이 없는 친구를 뜻하는 것으로, 아주 허물없이 친한 친구를 일컫는 말.

막제고 藐諸孤

멀 **막** 모두 **제** 외로울 **고**

〖풀이〗 어리고 연약한 고아을 뜻하며, 가족을 모두 잃고 혼자 남은 어리고 연약한 아이를 말한다.

막천석지 幕天席地

막 **막** 하늘 **천** 자리 **석** 땅 **지**

〖풀이〗 하늘을 장막으로 삼고 땅을 자리로 삼아 천지간에 살며 행동한다는 뜻으로, 천지를 자기의 처소로 삼는 마음이 웅대함을 이르는 말.

ㅁ

막천적야 寞天寂也

고요할 **막** 하늘 **천** 고요할 **적** 어조사 **야**

【풀이】 적막강산을 뜻하는 것으로, 매우 쓸쓸하고 적적함을 일컫는 말.

막현호은 莫見乎隱

없을 **막** 나타날 **현** 인가 **호** 숨길 **은**

【풀이】 숨어 있는 것일수록 나타나기 쉽다는 뜻으로, 감추려고 하면 오히려 들키기가 쉬운 법이라는 말.

만가 挽歌

당길 **만** 노래 **가**

【풀이】 수레를 끌며 부르는 노래를 뜻하는 것으로, 상여를 메고 갈 때에 죽은 자를 애도하여 부르는 노래를 말한다.

만리동풍 萬里同風

일만 **만** 마을 **리** 한가지 **동** 바람 **풍**

〖풀이〗 하늘과 땅 사이 이르는 곳마다 같은 바람이 분다는 뜻으로, 천하가 통일되어 태평한 것을 비유하는 말.

만부지망 萬夫之望

일만 **만** 사내 **부** 갈 **지** 바랄 **망**

〖풀이〗 만인이 우러러 바라본다는 뜻으로, 천하의 모든 사람들이 우러러 보고 사모함을 이르는 말.

만사무석 萬死無惜

일만 **만** 죽을 **사** 없을 **무** 아낄 **석**

〖풀이〗 죄가 너무 무거워서 만 번을 죽는다 하여도 아까울 것이 없음을 이르는 말.

만사무심 萬事無心

일만**만** 일**사** 없을**무** 마음**심**

〖풀이〗 모든 일에 관심이 없다는 말. 또는 어떤 근심이 있어 만사가 시들하여 마음을 쓰는 일이 없다는 말.

만사휴의 萬事休矣

일만**만** 일**사** 쉴**휴** 어조사**의**

〖풀이〗 모든 일이 끝났다는 뜻이며, 뜻하지 않은 일로 어려움에 부닥쳐 더 이상 어떤 기대도 할 수 없는 상황을 비유하는 말.

만수무강 萬壽無疆

일만**만** 목숨**수** 없을**무** 굳셀**강**

〖풀이〗 만년을 살아도 끝이 없다는 뜻으로, 손윗사람이나 존경하는 사람의 건강을 빌 때 쓰이는 말.

만시지탄 晩時之歎

늦을**만** 때**시** 갈**지** 한숨쉴**탄**

〖풀이〗 기회를 놓쳐 뒤늦었음을 안타까워하는 탄식을 말함. 때늦은 한탄.

만식당육 晩食當肉

늦을**만** 먹을**식** 마땅할**당** 고기**육**

〖풀이〗 때늦게 먹으면 맛없는 음식도 고기맛 같다는 뜻으로, 배가 고플 때에는 아무거나 먹어도 맛이 좋다는 말.

만우난회 萬牛難回

일만**만** 소**우** 어지러울**난** 돌**회**

〖풀이〗 만 마리의 소가 끌어도 돌리기 어렵다는 뜻으로, 고집이 아주 센 사람을 비유하는 말.

ㅁ

만인이심즉무일인지용 萬人異心則無一人之用

일만 **만** 사람 **인** 다를 **이** 마음 **심** 곧 **즉** 없을 **무** 한 **일** 사람 **인** 갈 **지** 쓸 **용**

〖풀이〗 아무리 숫자가 많더라도 저마다의 마음이 한데 모아지지 않고 흐트러져 있다면 한 사람의 힘만도 못하다는 뜻.

만장홍진 萬丈紅塵

일만 **만** 길 **장** 붉을 **홍** 티끌 **진**

〖풀이〗 하늘 높이 솟아오르는 먼지라는 뜻으로, 한없이 구차스럽고 번거러운 속세를 말함.

만전지책 萬全之策

일만 **만** 온전할 **전** 갈 **지** 꾀 **책**

〖풀이〗 아주 안전하거나 완전한 계책을 뜻하며, 허술한 틈이 조금도 없이 아주 안전한 계책을 이르는 말.

만절필동 萬折必東

일만**만** 꺾을**절** 반드시**필** 동녘**동**

〖풀이〗 황허의 물이 이리저리 만 번을 굽돌아도 반드시 동으로 흐른다는 말로, 굳게 마음먹은 절개는 아무리 꺾으려 해도 꺾이지 않고 그 본 뜻대로 나아간다는 뜻으로 쓰임.

만초유불가제 蔓草猶不可除

덩굴**만** 풀**초** 오히려**유** 아닐**불** 옳을**가** 섬돌**제**

〖풀이〗 훗날에 화근이 될 만한 일은 하루라도 빨리 처리하지 않으면 돌이킬 수 없는 결과를 초래한다는 비유의 말.

만패불청 萬覇不聽

일만**만** 두목**패** 아닐**불** 들을**청**

〖풀이〗 바둑에서 아무리 큰 패가 생기더라도 이에 응하지 않는다는 뜻으로, 아무리 집적거려도 응하지 않고 고집을 부린다는 말.

망국지음 亡國之音

망할 망 나라 국 갈 지 소리 음

〚풀이〛 나라를 망칠 음악이라는 뜻이며, 세태와 풍속의 변화에 따라 유행이나 삶의 방식도 달라짐을 일컫는 말.

ㅁ

망년지우 忘年之友

잊을 망 해 년 갈 지 벗 우

〚풀이〛 연장자가 나이의 차이를 초월하여 허물없이 대하여 사귄 친구를 말함.

망루어탄주지어 網漏於呑舟之魚

그물 망 샐 루 어조사 어 삼킬 탄 배 주 갈 지 물고기 어

〚풀이〛 큰 죄인이 법의 제재를 면하는 일이 없도록 한다는 뜻으로, 큰 악인은 법망을 빠져나가는 수가 있으므로 놓치지 않도록 엄중히 경계를 하여야 한다는 말.

ㅁ

망매해갈 望梅解渴

바랄 **망** 매화나무 **매** 풀 **해** 목마를 **갈**

〖풀이〗 신맛의 매실을 떠올리기만 해도 입안에 침이 괴어 갈증이 풀린다는 말로, 목이 마른 병졸이 매실 얘기를 듣고 입에 침이 고여 목마름을 풀었다는 고사에서 온 말.

망문생의 望文生義

바랄 **망** 글월 **문** 날 **생** 옳을 **의**

〖풀이〗 한자의 본 뜻을 잘 파악하지 않고 글자의 배열만 보고 그럴싸하게 해석한다는 말.

망문투식 望門投食

바랄 **망** 문 **문** 던질 **투** 먹을 **식**

〖풀이〗 객지에서 노자가 떨어져 남의 집을 찾아가 끼니를 얻어먹는다는 말.

망양보뢰 亡羊補牢

잃을 **망** 양 **양** 기울 **보** 우리 **뢰**

〖풀이〗 양 읽고 우리를 고친다는 뜻으로, 평소에 손을 쓰지 않고 있다가 실패한 뒤에 후회해도 소용없다는 말. 소 잃고 외양간 고치는 것과 같은 뜻으로 해석하면 됨.

ㅁ

망양지탄 望洋之歎

바랄 **망** 바다 **양** 갈 **지** 탄식할 **탄**

〖풀이〗 넓은 바다를 보고 탄식한다는 뜻으로, 어떤 일에 자기의 힘이 미치지 못하여 탄식함을 일컫는 말.

망운지정 望雲之情

바랄 **망** 구름 **운** 갈 **지** 뜻 **정**

〖풀이〗 멀리 구름을 바라보며 어버이를 생각한다는 뜻으로, 자식이 객지에서 부모를 그리워하는 마음을 이르는 말.

ㅁ

망자재배 芒刺在背

까끄라기 **망** 찌를 **자** 있을 **재** 등질 **배**

〖풀이〗 '망자'는 가시를 등에 지고 있다는 뜻으로, 등 뒤에 자기가 꺼리고 두려워하는 사람이 있어서 마음이 조마조마하고 편안하지 않은 것을 이르는 말.

망진막급 望塵莫及

바라볼 **망** 먼지 **진** 없을 **막** 미칠 **급**

〖풀이〗 먼지를 바라보고 미치지 못한다는 뜻으로, 지나치게 뒤떨어져 따라잡을 수 없음을 이르는 말.

매독환주 買櫝還珠

살 **매** 함 **독** 돌아올 **환** 구슬 **주**

〖풀이〗 겉으로 보이는 장식이나 아름다움에만 눈이 가고 내면은 살피지 않는 것을 뜻하며, 존중해야 할 것은 존중하지 않고 존중하지 않아도 될 것을 존중하는 것을 말함.

매문매필 賣文賣筆

팔매 글월문 팔매 글필

〖풀이〗 돈을 벌려고 실속 없는 글을 짓거나 또는 글씨를 써서 판매하는 것을 말함.

ㅁ

매사마골 買死馬骨

살매 죽을사 말마 뼈골

〖풀이〗 죽은 말의 뼈를 산다는 뜻으로, 귀중한 것을 손에 넣기 위해 먼저 공을 들이는 것을 이르는 말.

매황유하 每況愈下

매번매 하물며황 나아질유 아래하

〖풀이〗 매번 형편이 더 나빠진다는 뜻으로, 형편이 나날이 악화되거나 점점 더 나빠지는 것을 비유하는 말.

맥수양기 麥穗兩岐

보리 **맥** 이삭 **수** 두 **양** 가닥나뉠 **기**

〖풀이〗 보리 한 줄기에 두 가지씩 이삭이 맺혔다는 뜻으로, 풍년이 되었음을 뜻함.

맥수지탄 麥秀之歎

보리 **맥** 빼어날 **수** 갈 **지** 탄식할 **탄**

〖풀이〗 보리이삭이 패는 것을 보고 내는 탄식 소리를 뜻하는 것으로, 세상이 변하여 지난날 화려했던 나라가 폐허가 되었음을 이르는 말.

맹모단기 孟母斷機

맏 **맹** 어머니 **모** 끊을 **단** 틀 **기**

〖풀이〗 학문을 중도에 그만두는 것은 베의 날실을 끊어 버리는 것과 같다는 뜻으로, 맹자의 어머니가 공부 도중에 돌아온 맹자를 훈계하기 위해 베틀에 건 날실을 끊은 것에서 유래한 말.

ㅁ

맹모삼천지교 孟母三遷之教

성**맹** 어머니**모** 석**삼** 옮길**천** 갈**지** 가르칠**교**

〖풀이〗 맹자의 어머니가 아들의 교육을 위하여 세 번 이사했다는 뜻이며, 자식의 교육은 환경이 중요하다는 의미로 어머니의 정성스러운 교육열이 세 번이나 이사를 했다는 말.

맹완단청 盲玩丹青

소경**맹** 희롱할**완** 붉을**단** 푸를**청**

〖풀이〗 소경이 단청을 구경하듯이 알지도 못하는 위인이 아는 체한다는 뜻.

맹인모상 盲人摸象

소경**맹** 사람**인** 더듬을**모** 코끼리**상**

〖풀이〗 장님이 코끼리를 만지듯 문제를 한쪽으로 본다는 뜻으로, 일부만 알고 전체를 함부로 판단하는 좁은 소견을 비유하는 말.

맹인할마 盲人瞎馬

소경**맹** 사람**인** 애꾸눈**할** 말**마**

〖풀이〗 장님이 애꾸눈 말을 타고 다닌다는 뜻으로, 장님이 거리감각 없는 애꾸눈 말을 타고 달리는 것처럼 위험한 행동을 비유하는 말.

맹자정문 盲者正門

소경**맹** 놈**자** 바를**정** 문**문**

〖풀이〗 소경이 정문을 바로 찾아 들어간다는 말로, 어리석은 사람이 어쩌다 이치에 들어맞는 바른 일을 하는 것의 비유.

맹호복초 猛虎伏草

사나울**맹** 범**호** 엎드릴**복** 풀**초**

〖풀이〗 사나운 범이 풀 숲에 엎드려 있다는 뜻으로, 영웅이 때를 기다려 한때 숨어 지냄을 이르는 말.

맹호위서 猛虎爲鼠

사나울**맹** 범**호** 할**위** 쥐**서**

【풀이】 동물의 왕인 범도 위엄을 잃게 되면 쥐와 같다는 뜻으로, 군주도 권위를 잃게 되면 신하에게 제압을 당한다는 말.

면벽구년 面壁九年

얼굴**면** 벽**벽** 아홉**구** 해**년**

【풀이】 얼굴을 벽으로 향하고 마음을 가라앉혀 깨침을 얻고자 구년이란 긴 세월을 보낸다는 뜻으로, 정성을 다하면 금석(金石)까지도 뚫을 수 있다는 것을 비유하는 말.

면장우피 面張牛皮

얼굴**면** 베풀**장** 소**우** 가죽**피**

【풀이】 얼굴에 쇠가죽을 발랐다는 뜻으로, 뻔뻔한 사람을 가리키는 말.

면종복배 面從腹背

얼굴**면** 좇을**종** 배**복** 등**배**

〖풀이〗 얼굴 앞에서는 복종하는 체하면서 속으로는 배반한다는 말.

면종후언 面從後言

얼굴**면** 좇을**종** 뒤**후** 말씀**언**

〖풀이〗 얼굴 앞에서는 복종하는 체하면서 뒤에서는 헐뜯고 욕한다는 말.

멸차조식 滅此朝食

멸할**멸** 이**차** 아침**조** 먹을**식**

〖풀이〗 눈앞의 적들을 모두 없앤 다음 아침 식사를 하겠다는 뜻으로, 원수를 없애겠다는 절박한 심정과 결의를 비유해서 하는 말.

명경불피 明鏡不疲

밝을 **명** 거울 **경** 아닐 **불** 지칠 **피**

〖풀이〗 맑은 거울은 많은 사람의 얼굴을 비쳐도 흐려지지 않음을 이르는 말.

명경지수 明鏡止水

밝을 **명** 거울 **경** 그칠 **지** 물 **수**

〖풀이〗 밝은 거울과 고요한 물을 뜻하는 것이며, 가식 · 잡념 · 허욕이 없이 맑고 깨끗한 마음을 비유하는 말.

명경홍모 命輕鴻毛

목숨 **명** 가벼울 **경** 큰기러기 **홍** 털 **모**

〖풀이〗 중대한 일이 닥쳤을 때 귀중한 목숨을 기러기의 털보다 더 가볍게 버린다는 뜻으로, 목숨을 아까워하지 않음을 비유하여 쓰는 말.

명락손산 名落孫山

이름 **명** 떨어질 **락** 손자 **손** 산 **산**

〖풀이〗 '낙방하다' 라는 뜻이며, 시험이나 시합 또는 평가에서 밀려나 쓴잔을 마신다는 말.

ㅁ

명모호치 明眸皓齒

밝을 **명** 눈동자 **모** 흴 **호** 이 **치**

〖풀이〗 밝은 눈동자와 하얀 치아를 뜻하는 것으로, 미인을 비유하는 말.

명목장담 明目張膽

밝을 **명** 눈 **목** 베풀 **장** 쓸개 **담**

〖풀이〗 눈을 커다랗게 뜨고 배짱을 가지며 당당하게 처신을 하는 것을 말함.

ㅁ

명불허득 名不虛得

이름**명** 아닐**불** 헛될**허** 얻을**득**

【풀이】 명성이나 명예란 쉽게 얻을 수 있는 것이 아니며, 그만한 까닭이 있음을 이르는 말.

명불허전 名不虛傳

이름**명** 아닐**불** 헛될**허** 전할**전**

【풀이】 이름은 헛되이 전하여지지 않는다는 뜻으로, 명예로운 이름은 마땅히 들을 만한 실적이 있어야 퍼진다는 말.

명약관화 明若觀火

밝을**명** 같을**약** 볼**관** 불**화**

【풀이】 타고 있는 불이 선명하게 보이듯이 명백하게 사람의 마음이 보인다는 뜻으로, 사물의 도리가 아주 명백한 것을 말함.

명주암투 明珠暗投

밝을 **명** 구슬 **주** 어두울 **암** 던질 **투**

〖풀이〗 어두운 밤에 반짝이는 구슬을 사람 발밑에 던진다는 뜻으로, 아무리 귀중한 것이라도 돌연히 앞에 내놓으면 이상하게 여긴다는 말.

명철보신 明哲保身

밝을 **명** 밝을 **철** 지킬 **보** 몸 **신**

〖풀이〗 이치에 밝고 사물에 능통하여 몸을 보전한다는 뜻으로, 총명하고 사리에 밝아 모든 일을 빈틈없이 처리하면 몸을 망치는 일이 없다는 말.

명하무허사 名下無虛士

이름 **명** 아래 **하** 없을 **무** 빌 **허** 선비 **사**

〖풀이〗 명성이 자자한 사람에게는 그에 준한 실력이 따르며 절대 헛소문이라는 것은 있을 수 없다는 말.

모릉양가 模稜兩可

더듬을 **모** 모서리 **릉** 두 **양** 옳을 **가**

〖풀이〗 애매하다는 뜻으로, 결정을 짓지 못하여 가부(可否)가 없음을 이르는 말.

ㅁ

모수자천 毛遂自薦

털 **모** 이를 **수** 스스로 **자** 천거할 **천**

〖풀이〗 인재가 자진해서 나선다는 뜻으로, 스스로 자신을 천거하는 것을 비유하는 말.

모순 矛盾

창 **모** 방패 **순**

〖풀이〗 창과 방패를 뜻하는 것이며, 일의 앞뒤가 맞지 않은 상태를 이르는 말. 또는 언행이 일치하지 않는 것을 이르는 말.

목강즉절 木强則切

나무**목** 굳셀**강** 곧**즉** 꺾을**절**

〖풀이〗 강풍이 불면 강한 나무는 부러지지만 연한 나무는 잘 부러지지 않는다는 뜻으로, 견고하리만치 강한 것은 많은 적을 만들게 되지만 부드러운 것은 적을 만들지 않아 안전하다는 말.

목견호모이부견기첩 目見毫毛而不見其睫

눈**목** 볼**견** 가는털**호** 털**모** 말이을**이** 아닌가**부** 볼**견** 그**기** 속눈썹**첩**

〖풀이〗 눈은 아주 미세한 먼지까지도 다 볼 수 있지만 눈에 붙어 있는 손눈썹은 볼수가 없다는 뜻으로, 남의 결점은 잘 보면서도 자신의 결점은 보지 못한다는 말.

목계양도 木鷄養到

나무**목** 닭**계** 기를**양** 이를**도**

〖풀이〗 아주 점잖다는 뜻으로, 변통성이 없고 고지식한 사람을 일컫는 말.

목무전우 目無全牛

눈**목** 없을**무** 온전할**전** 소**우**

〖풀이〗 눈앞에 온전한 소가 남아 있지 않다는 뜻으로, 일 솜씨가 대단함을 이르는 말.

목불식정 目不識丁

눈**목** 아닐**불** 알**식** 넷째천간**정**

〖풀이〗 눈으로 보고도 고무래 정자를 모른다는 뜻으로, 배운 것이 없는 사람으로 무식한 사람을 말한다.

목불인견 目不忍見

눈**목** 아닐**불** 잔인할**인** 볼**견**

〖풀이〗 딱하고 가엾어서 차마 눈뜨고는 볼 수 없다는 말.

목식이시 目食耳視

눈**목** 먹을**식** 귀**이** 볼**시**

〖풀이〗 눈으로 먹고 귀로 본다는 뜻으로, 허세를 부리기 위한 사치가 지나침을 개탄하여 이르는 말.

ㅁ

목전지계 目前之計

눈**목** 앞**전** 갈**지** 셈**계**

〖풀이〗 앞날을 내다보지 못하고 눈앞에 보이는 한때만 생각하는 꾀를 말함.

목후이관 沐猴而冠

머리감을**목** 원숭이**후** 말이을**이** 갓**관**

〖풀이〗 목욕한 원숭이에게 좋은 옷을 입히고 갓을 씌워 놓은 것과 같다는 뜻으로, 겉보기는 훌륭하나 어리석기 짝이 없는 사람을 비유하는 말.

묘시파리 眇視跛履

허구리 **묘** 볼 **시** 절뚝발이 **파** 신 **리**

〖풀이〗 애꾸눈이 멀리 보려하고 절름발이가 멀리 뛰려 한다는 뜻으로, 자기의 능력을 생각하지 않고 무리하게 일을 행하면 화를 가져온다는 말.

무가내하 無可奈何

없을 **무** 가할 **가** 어찌 **내** 어찌 **하**

〖풀이〗 어쩔 수 없다는 뜻으로, 어쩔 수 없는 상황을 이르는 말.

무가무불가 無可無不可

없을 **무** 옳을 **가** 없을 **무** 아닐 **불** 옳을 **가**

〖풀이〗 가(可)한 것도 불가(不可)한 것도 없다는 뜻으로, 세상에는 좋을 것도 나쁠 것도 없다는 말.

무계지언 無稽之言

없을 **무** 머무를 **계** 갈 **지** 말씀 **언**

〖풀이〗 근거 없는 소문을 가지고 아무 생각없이 함부로 말하는 것을 이르는 말.

ㅁ

무고지민 無告之民

없을 **무** 알릴 **고** 갈 **지** 백성 **민**

〖풀이〗 부모가 없는 어린이나 아내나 남편이 없는 노인처럼 의지할 데가 없는 백성을 말함.

무릉도원 武陵桃源

굳셀 **무** 언덕 **릉** 복숭아나무 **도** 근원 **원**

〖풀이〗 이 세상이 아닌 별천지 또는 이상향을 비유하여 이르는 말. 시선이 살았다는 전설적인 중국의 명승지로 중국의 호남성 동정호의 서남쪽 무릉산 기슭을 말함.

무망지인 無妄之人

없을 **무** 허망할 **망** 갈 **지** 사람 **인**

【풀이】 어려운 처지에 놓여 있을 때 뜻하지 않게 달려와 도움을 주는 사람을 비유한 말.

ㅁ

무병자구 無病自灸

없을 **무** 앓을 **병** 스스로 **자** 뜸 **구**

【풀이】 병이 없는데도 뜸을 뜬다는 뜻으로, 이롭거나 아무런 도움이 되지 않는 일에 정력을 낭비하여 고통스럽게 행함을 이르는 말.

무불간섭 無不干涉

없을 **무** 아닐 **불** 방패 **간** 건널 **섭**

【풀이】 자기에게 관계가 있건 없건 무슨 일이고 함부로 나서서 아무데나 참견하는 것을 말함.

무산지몽 巫山之夢

무당 **무** 산 **산** 갈 **지** 꿈 **몽**

〖풀이〗 무산에서 꾼 꿈이라는 뜻으로, 초나라 회왕이 고당관에 갔을 때 꿈속에서 무산의 여신과 혼인을 맺었다 하여 남녀의 밀회나 은밀한 정사를 가리키는 말.

무상백성일인 無傷百姓一人

없을 **무** 상처 **상** 일백 **백** 성 **성** 한 **일** 사람 **인**

〖풀이〗 백성 한 사람도 다치지 말라는 뜻으로, 한 나라의 지도자가 백성을 극진히 아끼는 마음을 일컫는 말.

무상이척우필수 無喪而慼憂必讎

없을 **무** 죽을 **상** 말이을 **이** 근심할 **척** 근심할 **우** 반드시 **필** 짝 **수**

〖풀이〗 사람이 죽지도 않았는데 죽은 것처럼 슬픔에 잠겨 있으면 그와 같이 불행이 찾아올 것이라는 뜻으로, 정당한 이유도 없이 일을 벌려 놓으면 좋지 않은 결과를 가져온다는 말.

ㅁ

무안 無顔

없을 무 얼굴 안

〖풀이〗 얼굴이 없다는 뜻으로, 잘못을 깨닫고 부끄러워 고개를 들지 못할 때 쓰는 말.

ㅁ

무언거사 無言居士

없을 무 말씀 언 살 거 선비 사

〖풀이〗 교양이 높아 수다스럽지 않은 사람을 좋게 이르는 말. 구변이 없어서 의사 표시를 못하는 사람을 빈정거리는 말이기도 함.

무용지용 無用之用

없을 무 쓸 용 갈 지 쓸 용

〖풀이〗 쓸모없는 것도 쓸 데가 있다는 뜻으로, 별 도움이 안 될 것 같으나 진정한 도움을 준다는 말.

무위이치 無爲而治

없을**무** 할**위** 말이을**이** 다스릴**치**

〖풀이〗 위정자라도 인덕이 있으면 특별한 정치적 수완을 인위적으로 발휘하지 않더라도 유능한 인재로 인해 세상이 평화롭게 다스려진다는 말.

무적국외환 無適國外患

없을**무** 갈**적** 나라**국** 바깥**외** 근심**환**

〖풀이〗 침략도 없고 걱정 거리가 없는 사람은 나태해져서 멸망한다는 뜻으로, 아무런 걱정도 없고 남의 침략도 없이 평온하기만 하면 거기에 익숙해져서 끝내 나라도 국민도 망하게 된다는 말.

무족지언비천리 無足之言飛千里

없을**무** 발**족** 갈**지** 말씀**언** 날**비** 일천**천** 마을**리**

〖풀이〗 발 없는 말이 천리 간다는 뜻으로, 한 번 한 말은 저절로 퍼지니 말을 가려서 조심하라는 말.

묵돌불검 墨突不黔

먹 **묵** 부딪칠 **돌** 아닐 **불** 검어질 **검**

〖풀이〗 옛날 중국 묵자라는 사람이 천하에 널리 유세(遊說)하여 그 집의 굴뚝이 검어질 겨를이 없다하여, 동분서주하며 몹시 분주하게 왔다 갔다 하는 경우를 일컫는 말.

ㅁ

묵자비염 墨子悲染

먹 **묵** 아들 **자** 슬플 **비** 물들일 **염**

〖풀이〗 묵자가 물들이는 것을 슬퍼한다는 뜻으로, 사람은 평소 습관에 따라 성품과 인생의 성패가 결정된다는 말.

묵적지수 墨翟之守

먹 **묵** 꿩 **적** 갈 **지** 지킬 **수**

〖풀이〗 묵자가 지킨다는 뜻으로, 자기 의견이나 주장을 굽히지 않고 끝까지 지킴을 이르는 말로 융통성이 없음을 비유하는 말.

문가라작 門可羅雀

문문 옳을가 펼칠라 참새작

〖풀이〗 문에 참새 잡는 그물을 친다는 뜻으로, 찾아오는 손님의 발길이 끊어져 한가한 것을 비유하는 말.

ㅁ

문경지교 刎頸之交

목벨문 목경 갈지 사귈교

〖풀이〗 목을 벨 지경에도 생사를 함께 할 친구라는 뜻으로, 생사를 함께 하는 매우 절친한 친구의 교제를 말함.

문경지치 文景之治

글월문 밝을경 갈지 다스릴치

〖풀이〗 문제와 경제의 정치를 뜻하며, 중국의 번영시기를 상징하는 말.

ㅁ

문고불문금 聞鼓不聞金

들을 **문** 북 **고** 아닐 **불** 들을 **문** 쇠 **금**

〖풀이〗 앞으로 나아가는 것만 생각하지 적당할 때에 물러날 줄을 모른다는 뜻으로, 앞으로 전진만 할 뿐 후퇴는 할 줄 모르는 것을 말함.

문과즉희 聞過則喜

들을 **문** 허물 **과** 곧 **즉** 기쁠 **희**

〖풀이〗 자신의 허물을 들으면 기뻐한다는 뜻으로, 잘못을 저질렀을 때 비판을 기꺼이 받아들임을 이르는 말.

문일득삼 問一得三

물을 **문** 한 **일** 얻을 **득** 석 **삼**

〖풀이〗 하나를 묻고 셋을 얻는다는 뜻으로, 적은 노력으로 많은 이익을 얻었음을 이르는 말.

문일지십 聞一知十

들을**문** 한**일** 알**지** 열**십**

〖풀이〗 하나를 들으면 열을 안다는 뜻으로, 머리가 매우 좋고 총명함을 이르는 말. 또는 한 부분을 통해 전체를 안다는 뜻.

문전성시 門前成市

문**문** 앞**전** 이룰**성** 저자**시**

〖풀이〗 문 앞이 저자(市)를 이룬다는 뜻으로, 권세가나 부잣집 문 앞에 방문객이 많아 시장 바닥처럼 붐빈다는 말.

문전작라 門前雀羅

문**문** 앞**전** 참새**작** 새그물**라**

〖풀이〗 문 앞에 참새 그물을 친다는 뜻으로, 권세를 잃거나 빈천해지면 찾아오는 사람이 없어서 한산해진다는 말.

ㅁ

문정경중 問鼎輕重

물을 **문** 솥 **정** 가벼울 **경** 무거울 **중**

〚풀이〛 솥이 가벼운지 무거운지 묻는다는 뜻으로, 실력과 권위를 의심받는 것으로 상대방의 허점을 파악해서 공격한다는 말.

물구즉신 物久則神

만물 **물** 오랠 **구** 곧 **즉** 귀신 **신**

〚풀이〛 물건이 오래 묵으면 반드시 변화가 생긴다는 말. 잉어가 오래 묵으면 용이 된다든지 개를 오래 먹이면 좋지 않다고 하는 등의 사상은 이에서 온 것임.

물무소불용 物無所不用

만물 **물** 없을 **무** 바 **소** 아닐 **불** 쓸 **용**

〚풀이〛 하찮은 물건이라 할지라도 전부 쓸모가 없는 것이란 없다는 뜻으로, 쓸데없거나 해가 되는 물건일지라도 어딘가에 쓸모가 있다는 말.

물부충생 物腐蟲生

만물 **물** 썩을 **부** 벌레 **충** 날 **생**

〖풀이〗 내부에 약점이 생기면 곧 외부의 침입이 있게 된다는 뜻으로, 불건전한 사회와 부패한 정치는 곧 범죄와 비리(非理)의 무대가 된다는 말.

ㅁ

물의 物議

만물 **물** 의논할 **의**

〖풀이〗 여러 사람의 논의를 뜻하는 것으로, 세상의 시끄러운 평판을 이르는 말.

물이류취 物以類聚

만물 **물** 써 **이** 무리 **류** 모일 **취**

〖풀이〗 물건은 종류대로 모이게 마련이라는 뜻으로, 성격이 비슷한 것끼리 모인다는 말. 흔히 나쁜 사람들이 한데 모여 흉계를 꾸미는 것을 일컫는 말.

미관말직 微官末職

작을 **미** 벼슬 **관** 끝 **말** 벼슬 **직**

〖풀이〗 지위가 아주 낮고 변변치 않은 벼슬을 말함 또는 그런 벼슬아치를 이르는 말.

미능면속 未能免俗

아닐 **미** 능할 **능** 면할 **면** 세속 **속**

〖풀이〗 속됨을 면하지 못한다는 뜻으로, 여전히 속물스런 습관에 빠져 있다는 말. 즉 한 번 물든 비속한 기운은 씻어 내기가 어렵다는 말.

미달일간 未達一間

아닐 **미** 통달할 **달** 한 **일** 사이 **간**

〖풀이〗 모든 것에 다 밝고 익숙하여도 어느 한 가지 일에만은 서툴다는 말.

미대난도 尾大難掉

꼬리 **미** 큰 **대** 어지러울 **난** 흔들 **도**

〖풀이〗 꼬리가 커서 들기가 어렵다는 뜻으로, 일의 종말에 이르러 형편이 어렵게 되어 처리하기가 힘들다는 말.

미대부도 尾大不掉

꼬리 **미** 큰 **대** 아닐 **불** 흔들 **도**

〖풀이〗 윗사람이 힘이 약하고 아랫사람이 힘이 강하면 제대로 부릴 수 없다는 것을 말함.

미도지반 迷途知返

헤맬 **미** 길 **도** 알 **지** 돌이킬 **반**

〖풀이〗 길을 잘못 들어섰다가 돌아선다는 뜻으로, 잘못된 길에 빠졌다가 뉘우치고 돌아서는 것을 비유하는 말.

ㅁ

미망인 未亡人

아닐 **미** 잃을 **망** 사람 **인**

【풀이】 남편을 따라 죽지 못한 여인을 뜻하며, 남편을 여읜 여자가 스스로를 가리켜 이르는 말. 이것은 스스로가 남편을 따라 죽어야 하는데 아직도 살아 있다는 것을 겸손한 마음으로 말하는 것이다.

미봉 彌縫

기울 **미** 기울 **봉**

【풀이】 터진 옷을 임시로 꿰맨다는 뜻으로, 모자라는 부분을 때우고 잇는다는 말. 요즘에는 대충 눈어림으로 꾸며 넘기는 것을 뜻한다.

미생지신 尾生之信

꼬리 **미** 날 **생** 갈 **지** 믿을 **신**

【풀이】 기생의 믿음을 뜻하는 것으로, 쓸데없는 것인데도 한번 맺은 약속만을 굳게 지키고 융통성이 없음을 비웃는 말.

ㅁ

민생어삼 民生於三

백성 **민** 날 **생** 어조사 **어** 석 **삼**

〖풀이〗 인간은 아버지와 스승과 임금의 덕으로 이 세상에 생존하고 있으므로 이 세사람에게 봉사해야 한다는 뜻.

민아무간 民我無間

백성 **민** 나 **아** 없을 **무** 사이 **간**

〖풀이〗 백성(타인)과 나 사이에 간격이 없다는 뜻으로, 위정자나 지도자가 백성과 한마음이 되는 것을 이르는 말.

민이식위천 民以食爲天

백성 **민** 써 **이** 먹을 **식** 할 **위** 하늘 **천**

〖풀이〗 백성들에게 제일 중요한 것은 먹고 사는 것이라는 뜻으로, 임금된 자는 백성을 하늘 섬기듯 섬겨야 하고 백성들의 하늘은 임금이 아니라 곧 식량임을 알아야 한다는 말.

ㅂ

박리다매 薄利多賣

적을 **박** 이익 **리** 많을 **다** 팔 **매**

〖풀이〗 이익을 적게 보고 물건을 많이 팔아 전체의 이익을 올리는 것을 말함.

박면피 剝面皮

벗길 **박** 얼굴 **면** 가죽 **피**

〖풀이〗 얼굴 가죽을 벗긴다는 뜻으로, 원래의 뜻은 잔혹한 고문이나 형벌을 가리켰는데, 뜻이 바뀌어 파렴치한 사람의 본색을 밝혀 망신을 준다는 말이 되었다.

박문약례 博文約禮

넓을 **박** 글월 **문** 묶을 **약** 예도 **례**

【풀이】 많이 배워서 식견을 넓히고 배운 것을 사회질서 속에 적용시켜서 실행에 옮기는 것을 말함.

박옥혼금 璞玉渾金

소박할 **박** 옥 **옥** 흐릴 **혼** 쇠 **금**

【풀이】 아직 갈지 않은 옥과 제련하지 않은 금이라는 뜻으로, 순박하고 꾸밈이 없는 사람을 비유하여 이르는 말.

반간 反間

돌이킬 **반** 사이 **간**

【풀이】 적 사이를 이간한다는 뜻으로 이중간첩을 이르는 말.

반계곡경 盤溪曲徑

쟁반 **반** 시내 **계** 굽을 **곡** 지름길 **경**

【풀이】 일을 순리대로 하지 않고 옳지 않은 방법을 써서 억지로 함을 이르는 말.

반골 反骨

거스를 **반** 뼈 **골**

【풀이】 인체에 뼈가 거꾸로 되어 있다는 뜻으로, 권세나 권위에 타협하지 않고 저항하는 것을 일컫는 말.

반근착절 盤根錯節

쟁반 **반** 뿌리 **근** 섞일 **착** 마디 **절**

【풀이】 구부러진 많은 뿌리와 뒤얽힌 마디를 뜻하고, 분규로 엉클어지고 복잡하여 해결하기가 매우 어려운 사건을 이르는 말.

반룡부봉 攀龍附鳳

더위잡을 **반** 용 **룡** 붙을 **부** 봉새 **봉**

【풀이】 용을 끌어 잡고 봉황에게 붙는다는 뜻으로, 세력있는 사람에게 빌붙어서 입신출세를 도모하는 것을 말함.

ㅂ

반복소인 反覆小人

되돌릴 **반** 엎어질 **복** 작을 **소** 사람 **인**

【풀이】 언행이 늘 이랬다저랬다 하여 그 마음을 헤아릴 수 없는 옹졸한 사람을 이르는 말.

반상낙하 半上落下

반 **반** 위 **상** 떨어질 **낙** 아래 **하**

【풀이】 반쯤 올라가다가 떨어진다는 뜻으로, 처음에는 정성껏 하다가 중도에 포기하고 그만두어 버리는 것을 말함.

ㅂ

반생반사 半生半死

반반 날생 반반 죽을사

〖풀이〗 거의 죽게 되어서 생사를 알수 없는 지경에 이르렀다는 말.

반식재상 伴食宰相

짝반 먹을식 재상재 서로상

〖풀이〗 무위도식으로 밥이나 축내는 재상이라는 뜻으로, 유능한 관리 옆에 붙어서 정사를 처리하는 무능한 재상을 일컫는 말.

반신반의 半信半疑

반반 믿을신 반반 의심할의

〖풀이〗 진실과 거짓을 판단하기 어려워 어느 정도 믿으면서 한편으로는 의심하는 것을 말함.

반의지희 斑衣之戲

나눌**반** 옷**의** 갈**지** 놀**희**

【풀이】 늙은 어버이의 마음을 위로해 드리기 위하여 색동저고리를 입고 재롱을 핀다는 뜻으로, 늙어서까지 끊임없이 부모에게 효도함을 이르는 말.

반포지효 反哺之孝

되돌릴**반** 먹을**포** 갈**지** 효도**효**

【풀이】 까마귀 새끼가 자라서 늙은 어미에게 먹이를 물어다 주는 효성이라는 뜻으로, 자식이 자라서 어버이를 봉양하며 그 길러주신 은혜를 갚는 효행을 이르는 말.

발란반정 撥亂反正

다스릴**발** 어지러울**난** 되돌릴**반** 바를**정**

【풀이】 뛰어난 정치력을 발휘하여 어지러운 세상을 잘 다스려 평화스런 세상으로 되돌리는 것을 말함.

발본색원 拔本塞源

뽑을 **발** 근본 **본** 막을 **색** 근원 **원**

【풀이】 뿌리를 뽑아 근원을 막아 버린다는 뜻으로, 일을 올바르게 처리하기 위해 폐단의 근원을 아주 뽑아 버림을 이르는 말.

ㅂ

발분망식 發憤忘食

쏠 **발** 결낼 **분** 잊을 **망** 먹을 **식**

【풀이】 분발하여 끼니까지 잊고 노력한다는 뜻으로, 한 가지 일을 성취하기 위해 바삐 돌아다님을 이르는 말.

발안중정 拔眼中釘

뺄 **발** 눈 **안** 가운데 **중** 못 **정**

【풀이】 눈에 박힌 못을 뺀다는 뜻으로, 탐관오리나 악인을 제거함을 비유하는 말.

발호 跋扈

밟을 **발** 뒤따를 **호**

【풀이】 통발을 밟고 뛰어 넘는다는 뜻으로, 권세나 세력을 마음대로 부려 횡포하게 날뛰는 것을 이르는 말.

방민지구심어방수 防民之口甚於防水

둑 **방** 백성 **민** 갈 **지** 입 **구** 심할 **심** 어조사 **어** 둑 **방** 물 **수**

【풀이】 백성의 입을 막는 것은 물이 넘치는 것을 막는 것보다 더 어렵다는 뜻임.

방약무인 傍若無人

곁 **방** 같을 **약** 없을 **무** 사람 **인**

【풀이】 곁에 사람이 없다는 뜻으로, 주위의 다른 사람을 전혀 의식하지 않고 제멋대로 건방지고 무례하게 행동함을 이르는 말.

배반낭자 杯盤狼藉

잔 **배** 쟁반 **반** 어지러울 **낭** 왁자할 **자**

【풀이】 술잔과 접시가 어지럽게 흩어져 있다는 뜻으로, 술을 마시며 한창 재미있게 노는 모양을 이르는 말.

배수거신 杯水車薪

잔 **배** 물 **수** 수레 **거** 땔나무 **신**

【풀이】 한 잔의 물로 수레에 실린 땔나무의 불을 끄려고 한다는 뜻으로, 혼자 힘으로는 어림없는 일을 해결하거나 맡겠다고 나서는 것을 비유하는 말.

배수지진 背水之陣

등 **배** 물 **수** 갈 **지** 진칠 **진**

【풀이】 물을 등지고 진을 친다는 뜻으로, 위태로움을 무릅쓰고 필사적으로 모든 힘을 다하여 단판으로 승패를 다투는 경우를 비유하는 말.

배중사영 杯中蛇影

잔 **배** 가운데 **중** 뱀 **사** 그림자 **영**

[풀이] 술잔 속에 비친 뱀의 그림자를 뜻하는 것으로, 공연히 의심하여 쓸데없는 의심을 품고 스스로 고민함을 비유하는 말.

백골난망 白骨難忘

흰 **백** 뼈 **골** 어지러울 **난** 잊을 **망**

[풀이] 죽어 백골이 될 때까지 잊을 수 없다는 뜻으로, 남에게 큰 은혜를 입었을 때 잊지 않겠다고 이르는 말.

백구과극 白駒過隙

흰 **백** 망아지 **구** 지날 **과** 틈 **극**

[풀이] 흰 망아지가 빨리 달리는 것을 문틈으로 보는 것과 같이 눈깜짝할 사이라는 뜻으로, 빨리 지나가는 세월을 우리는 붙잡아 둘 수 없으니 짧은 순간을 값지고 성실하게 살아야 한다는 말.

ㅂ

백귀야행 百鬼夜行

일백 **백** 귀신 **귀** 밤 **야** 다닐 **행**

【풀이】 온갖 잡귀가 밤에 다닌다는 뜻으로, 아주 흉악한 무리들이 날뛰는 어지러운 세상을 이르는 말.

백년하청 百年河淸

일백 **백** 해 **년** 물 **하** 맑을 **청**

【풀이】 황하의 물이 맑아지기를 기다린다는 뜻으로, 아무리 기다려도 실현 가능성이 어려움을 이르는 말.

백두여신 白頭如新

흰 **백** 머리 **두** 같을 **여** 새 **신**

【풀이】 마음이 맞지 않는 사람은 오래 사귀어도 갓 사귄 사람처럼 정이 두텁지 못하다는 말.

백락불상유 伯樂不常有

맏**백** 즐거울**락** 아닐**불** 항상**상** 있을**유**

【풀이】 자신을 잘 이해해 주고 자신을 잘 이끌어 주는 스승이나 군주가 언제까지나 존재하는 것이 아니라는 말.

백락일고 伯樂一顧

맏**백** 즐거울**락** 한**일** 돌아볼**고**

【풀이】 백락이 한번 돌아본다는 뜻으로, 명마도 백락을 만나야 세상에 알려지듯이 현명한 사람 또한 그 사람을 알아주는 사람을 만나야 출세할 수 있음을 비유하는 말.

백룡어복 白龍魚服

흰**백** 용**룡** 물고기**어** 옷**복**

【풀이】 흰 용이 물고기의 옷을 입는다는 뜻으로, 신분이 높은 사람이 서민의 허름한 옷으로 갈아입고 미행하는 것을 비유하는 말.

백리부미 百里負米

일백**백** 마을**리** 질**부** 쌀**미**

【풀이】 백리나 떨어진 먼 곳으로 쌀을 진다는 뜻으로, 가난하게 살면서도 효성이 지극하여 갖은 고생을 하며 부모의 봉양을 잘 하는 것을 말함.

ㅂ

백리지재 百里之才

일백**백** 마을**리** 갈**지** 재주**재**

【풀이】 백 리쯤 되는 땅, 곧 한 고을 만 맡아 다스릴 만한 수완이나 도량이 있는 사람을 말함.

백면서생 白面書生

흰**백** 얼굴**면** 글**서** 날**생**

【풀이】 얼굴빛이 흰 남자라는 뜻으로, 오로지 글만 읽고 세상일에 경험이 없는 사람을 이르는 말.

백문불여일견 百聞不如一見

일백**백** 들을**문** 아닐**불** 같을**여** 한**일** 볼**견**

【풀이】 백 번 듣는 것이 한 번 보는 것만 못하다는 뜻으로, 남에게 듣고 짐작하기보다는 실제로 직접 눈으로 확인하는 것이 낫다는 말.

백미 白眉

흰**백** 눈썹**미**

【풀이】 흰 눈썹을 가진 사람이 가장 뛰어나다는 뜻으로, 여러 사람이나 형제들 중에서 가장 뛰어난 사람. 또는 여럿 가운데서 뛰어난 것을 이르는 말.

백발백중 百發百中

일백**백** 쏠**발** 일백**백** 가운데**중**

【풀이】 화살을 쏘면 쏘는 대로 전부 맞힌다는 뜻으로, 사격술이 아주 뛰어나거나 일이나 계획하고 있던 바가 뜻한 대로 이루어지는 것을 비유하는 말.

ㅂ

백발삼천장 白髮三千丈

흰**백** 터럭**발** 석**삼** 일천**천** 어른**장**

【풀이】 흰 머리털이 삼천 장이나 된다는 뜻으로, 근심이 깊거나 너무 늙었음을 탄식하는 말.

백아절현 伯牙絶絃

맏**백** 어금니**아** 끊을**절** 줄**현**

【풀이】 백아가 자기의 음악을 알아주는 친구가 죽자 거문고의 줄을 끊었다는 뜻으로, 서로 마음이 통하는 절친한 친구의 죽음을 슬퍼하는 것을 이르는 말.

백안시 白眼視

흰**백** 눈**안** 볼**시**

【풀이】 눈을 하얗게 뜨고 본다는 뜻으로, 사람을 업신여기거나 쌀쌀하게 대하며 흘겨보는 것을 이르는 말.

ㅂ

백운친사 白雲親舍

흰백 구름운 어버이친 집사

〖풀이〗 하얀 어버이 집이라는 뜻으로, 부모에 대한 그리움을 비유하는 말.

백의종군 白衣從軍

흰백 옷의 좇을종 군사군

〖풀이〗 흰옷을 입고 군대를 따라 간다는 뜻으로, 벼슬이 없는 사람으로 군대를 따라 전장으로 가는 것을 말함.

백전노장 百戰老將

일백백 싸움전 늙을노 장수장

〖풀이〗 수많은 싸움을 치른 노련한 장수를 말함. 세상의 온갖 풍파를 다 겪어 본 사람을 말함.

백전백승 百戰百勝

일백**백** 싸움**전** 일백**백** 이길**승**

[풀이] 백 번 싸워서 백 번 이긴다는 뜻으로, 싸울 때마다 반드시 이기는 것을 말함.

백절불요 百折不撓

일백**백** 꺾일**절** 아닐**불** 휠**요**

[풀이] 여러 번 꺾여도 휘어지지 않는다는 뜻으로, 실패를 거듭해도 뜻을 굽히지 않음을 이르는 말.

백절불굴 百折不掘

일백**백** 꺾일**절** 아닐**불** 굽을**굴**

[풀이] 백 번 꺾여도 굴하지 않음. 어떠한 어려움에도 굽히지 않음.

백주지조 栢舟之操

잣나무**백** 배**주** 갈**지** 잡을**조**

【풀이】 잣나무로 만든 배의 절개라는 뜻으로, 남편에 대한 아내의 지극한 애정과 정절을 비유하는 말.

백중지세 伯仲之勢

맏**백** 버금**중** 갈**지** 기세**세**

【풀이】 형과 동생 정도의 차이밖에 없다는 뜻으로, 서로 어금버금하여 우열을 가리기 어려운 형세를 말함.

백척간두 百尺竿頭

일백**백** 자**척** 장대**간** 머리**두**

【풀이】 아주 높은 장대 끝에 오른 것처럼 극도로 위태한 지경에 이름을 비유한 말.

ㅂ

백천조해 百川朝海

일백 **백** 내 **천** 아침 **조** 바다 **해**

【풀이】 모든 강이 바다로 흘러가듯이 이익이 있는 곳에는 자연히 사람이 모이게 마련이라는 뜻.

번문욕례 繁文縟禮

번거로울 **번** 글월 **문** 번거로울 **욕** 예절 **례**

【풀이】 번거롭게 형식만 차려서 까다롭게 만든 규칙이나 예절을 말함.

벌가벌가 기칙불원 伐柯伐柯 其則不遠

칠 **벌** 도끼자루 **가** 칠 **벌** 도끼자루 **가** 그 **기** 법 **칙** 아닐 **불** 멀 **원**

【풀이】 도끼자루를 베고 또 베니, 그 방법이 멀지 않다는 뜻으로, 도(道)란 멀리 있는 것이 아니라 바로 내가 실천하는 가운데 있음을 이르는 말.

벌목지계 伐木之契

칠**벌** 나무**목** 갈**지** 맺을**계**

【풀이】 깊은 산 속에서 나무하는 두 벗의 우정처럼 아주 친밀한 사이의 교제를 말함.

법삼장 法三章

법**법** 석**삼** 글**장**

【풀이】 한나라 고조 유방이 통일을 한 후 제정한 삼장(三章)의 세 가지 법을 뜻하는 것으로, 살인한 자는 사형에 처하고, 사람에게 상해를 입힌 자는 그 정도에 따라 벌하며, 그 밖의 법은 폐기한다는 것이다.

법원권근 法遠拳近

법**법** 멀**원** 주먹**권** 가까울**근**

【풀이】 법은 멀고 주먹은 가깝다는 뜻으로, 일이 급박히 돌아갈 때는 이성보다도 완력에 호소하게 되기 쉽다는 말.

ㅂ

별무장물 別無長物

따로 **별** 없을 **무** 길 **장** 물건 **물**

【풀이】 없어서는 안 될 물건을 빼고 다른 물건은 없다라는 뜻으로, 몹시 가난한 것을 비유하는 말.

병가상사 兵家常事

군사 **병** 집 **가** 항상 **상** 일 **사**

【풀이】 전쟁에서 이기고 지는 것은 보통 있는 일이라는 뜻으로, 실패는 흔히 있는 일이니 낙심할 것이 없다는 의미로 씀.

병귀신속 兵貴神速

군사 **병** 귀할 **귀** 귀신 **신** 빠를 **속**

【풀이】 군사를 움직일 때는 귀신처럼 빨라야 한다는 뜻으로, 용병은 잠시도 머뭇거리지 말고 신속하게 움직이는 것이 중요하다는 말.

병문졸속 兵聞拙速

군사 **병** 들을 **문** 못날 **졸** 빠를 **속**

【풀이】 전쟁은 졸렬하다는 소리를 들어도 빨리 끝내는 것이 좋다는 뜻으로, 싸움에 있어서는 지구전보다는 속전속결을 주장하는 병법이다.

병불염사 兵不厭詐

군사 **병** 아닐 **불** 싫을 **염** 속일 **사**

【풀이】 군사에 있어서는 적을 속이는 간사한 꾀도 꺼리지 않는다는 뜻으로, 전쟁에서는 어떤 방법을 총동원해서라도 적군을 이겨야 한다는 말.

병입고황 病入膏肓

병 **병** 들어갈 **입** 기름칠 **고** 명치 **황**

【풀이】 병이 몸속 깊숙이 들어갔다는 뜻으로, 질병이 깊어져서 치료할 수 없게 됨을 이르는 말.

ㅂ

병종구입 病從口入

병**병** 좇을**종** 입**구** 들어갈**입**

【풀이】 병도 재앙도 모두 입 조심을 하지 않은 데서 일어난다는 뜻으로, 항상 입 조심을 해야 한다는 말.

보우지탄 鴇羽之嘆

너새**병** 날개**우** 갈**지** 탄식할**탄**

【풀이】 너새 날개의 탄식이라는 뜻으로, 백성이 싸움터에 나가 있기 때문에 어버이를 봉양하지 못해 탄식함을 비유하는 말.

보졸불여근 補拙不如勤

기술**보** 못날**졸** 아닐**불** 같을**여** 부지런할**근**

【풀이】 졸렬함을 메우는 데는 부지런한 것만한 것이 없다는 뜻으로, 서툰 일은 부지런함으로 보충함을 이르는 말.

보원이덕 報怨以德

갚을**보** 원망할**원** 써**이** 큰**덕**

【풀이】 원수에게 덕으로써 원한을 갚는다는 뜻으로, 원한을 원한으로 갚으면 또 원한을 사게 되니, 진정한 복수는 덕으로 원한을 갚는데 있음을 이르는 말.

복거지계 覆車之戒

엎을**복** 수레**거** 갈**지** 경계할**계**

【풀이】 앞의 수레가 엎어지는 것을 보고 뒷수레가 조심한다는 뜻으로, 앞사람의 실패를 거울삼아 뒷사람은 경계하라는 말.

복수불반 覆水不返

엎을**복** 물**수** 아닐**불** 돌이킬**반**

【풀이】 엎지른 물은 다시 담을 수 없다는 뜻으로, 한번 저지른 일을 되돌릴 수 없음을 일컫는 말.

ㅂ

복주복야 卜晝卜夜

점**복** 낮**주** 점**복** 밤**야**

【풀이】 주간의 좋은 것은 점쳐서 알았지만 야간은 아직 점치지 않았다는 뜻으로, 시간을 아끼지 않고 밤낮 놀기만 하는 사람을 비유하는 말.

복수불반분 覆水不返盆

엎을**복** 물**수** 아닐**불** 돌아올**반** 동이**분**

【풀이】 한 번 엎지른 물은 다시 그릇에 담을 수 없다는 뜻. 집을 버리고 한 번 떠난 아내는 다시 돌아올 수 없다는 의미로, 일단 저지른 일은 다시 되돌릴 수 없음을 비유하는 말.

봉명사신 奉命使臣

받들**봉** 목숨**명** 하여금**사** 신하**신**

【풀이】 특별히 임금의 명령을 받들고 외국으로 가는 사신을 말함.

봉시장사 封豕長蛇

봉할 **봉** 돼지 **시** 길 **장** 뱀 **사**

【풀이】 큰 돼지와 긴 뱀이라는 뜻으로, 욕심쟁이와 침략자를 비유하여 이르는 말.

봉의군신 蜂蟻君臣

벌 **봉** 개미 **의** 임금 **군** 신하 **신**

【풀이】 하찮은 개미나 벌에게도 임금과 신하의 구별이 엄연히 있다는 말.

봉추 鳳雛

봉새 **봉** 병아리 **추**

【풀이】 앞으로 크게 성공을 거둘 수 있는 소질이 보이는 아이를 말함. 또는 크게 두각을 나타낼 수 있는 인물을 말함.

ㅂ

부귀부운 富貴浮雲

부자 **부** 귀할 **귀** 뜰 **부** 구름 **운**

【풀이】 부귀는 뜬구름과 같다는 뜻으로, 부정하게 지위나 재물을 얻어 봤자 그것은 덧없는 뜬구름과 같다는 말.

부귀재천 富貴在天

부자 **부** 귀할 **귀** 있을 **재** 하늘 **천**

【풀이】 부나 신분이라는 것은 하늘이 내리는 것으로 개인의 능력이나 노력만으로는 어떻게 할 수 없다는 것을 말함.

부득기위 不得其位

아닐 **부** 얻을 **득** 그 **기** 자리 **위**

【풀이】 훌륭한 능력을 가지고도 그 능력을 펴볼만한 자리를 얻지 못한것을 말함.

부득요령 不得要領

아닐 **부** 얻을 **득** 구할 **요** 다스릴 **령**

【풀이】 요령을 얻지 못한다는 뜻으로, 말이나 글의 요령을 잡을 수가 없음을 이르는 말.

부마 駙馬

곁말 **부** 말 **마**

【풀이】 예비로 준비해 둔 말이라는 뜻으로, 공주의 남편을 지칭하는 말.

부모재불원유 父母在不遠遊

아버지 **부** 어머니 **모** 있을 **재** 아닐 **불** 멀 **원** 놀 **유**

【풀이】 부모가 살아 계실 때에는 걱정을 끼치지 않기 위하여 될 수 있는 대로 멀리 가질 않고 부모의 곁에 있으면서 효도를 다하라는 가르침의 말.

부미백리 負米百里

질부 쌀미 일백백 마을리

【풀이】 비록 가난함을 면치는 못하고 있지만 부모에게는 효도를 다해야 한다는 말.

ㅂ

부복장주 剖服藏珠

가를부 배복 감출장 구슬주

【풀이】 배를 가르고 구슬을 감춘다는 뜻으로, 재물에 눈이 어두워 자기에게 해가 되는 일도 서슴치 않고 행함을 이르는 말.

부석침목 浮石枕木

뜰부 돌석 베개침 나무목

【풀이】 물에 돌이 떠다니고 나무가 가라앉는다는 뜻으로, 선과 악이 뒤바뀌었음을 이르는 말.

부자자효 父慈子孝

아버지 **부** 사랑 **자** 아들 **자** 효도 **효**

【풀이】 아비된 자는 자애를 중요하게 생각하며 자식된 자는 효행을 중요하게 행해야 한다는 말.

ㅂ

부저소정저 釜底笑鼎底

가마솥 **부** 밑 **저** 웃을 **소** 솥 **정** 밑 **저**

【풀이】 가마솥 밑이 노구솥 밑을 검다 한다는 뜻으로, 제 큰 허물은 모르고 남의 작은 허물만 꼬집어 흉봄을 비유한 말.

부중생어 釜中生魚

가마솥 **부** 가운데 **중** 날 **생** 물고기 **어**

【풀이】 솥 안에 물고기가 생겼다는 뜻으로, 매우 가난함을 비유한 말.

부중지어 釜中之魚

가마솥**부** 가운데**중** 갈**지** 물고기**어**

【풀이】 가마솥 안의 물고기라는 뜻으로, 눈앞에 닥칠 위험도 모르고 쾌락에 빠져 있는 사람을 이르는 말. 또는 생명이 오래 남지 않은 사람을 뜻하는 말.

부지기자시기우 不知其子視其友

아닌가**부** 알**지** 그**기** 아들**자** 볼**시** 그**기** 벗**우**

【풀이】 자식의 친구를 유심히 관찰해 보면 자기 자식의 일을 잘 알 수가 있다는 뜻으로, 사귀고 있는 사람을 보면 그 사람을 잘 알 수 있다는 의미이다.

부창부수 夫唱婦隨

남편**부** 노래**창** 아내**부** 따를**수**

【풀이】 남편이 주장하면 아내가 따른다는 뜻으로, 언제나 남편의 주장에 아내가 따르는 것이 부부 화합의 도라는 말.

부화뇌동 附和雷同

붙을 **부** 화목할 **화** 우레 **뇌** 함께 **동**

【풀이】 우렛소리에 맞추어 함께 한다는 뜻으로, 줏대 없이 남의 의견에 따라 움직임을 일컫는 말.

북문지탄 北門之嘆

북녘 **북** 문 **문** 갈 **지** 탄식할 **탄**

【풀이】 벼슬자리에 나가기는 하였으나 뜻대로 성공하지 못하여 그 곤궁함을 한탄하는 것을 말함. 또한 아무리 관직에 오르려고 해도 뜻을 이루지 못함을 비유하는 말.

분골쇄신 粉骨碎身

가루 **분** 뼈 **골** 부술 **쇄** 몸 **신**

【풀이】 뼈가 가루가 되고 몸이 깨어지도록 죽을 힘을 다하여 애쓴다는 뜻.

분서갱유 焚書坑儒

불사를 **분** 글 **서** 묻을 **갱** 선비 **유**

【풀이】 책을 불태우고 유생들을 구덩이에 묻는다는 뜻으로, 상황을 고려하지 않고 근원을 뽑아서 아주 없애버리는 지독한 정치를 비유하는 말. 서적과 학자들을 탄압하는 행위.

불구대천지수 不俱戴天之讐

아닐 **불** 함께 **구** 받들 **대** 하늘 **천** 갈 **지** 원수 **수**

【풀이】 하늘을 함께 이고 살 수 없는 원수라는 뜻이며, 이 세상에서 함께 살 수 없는 아주 큰 원수를 이르는 말.

불념구악 不念舊惡

아닐 **불** 생각할 **념** 여 **구** 악할 **악**

【풀이】 청렴결백한 사람은 악을 미워하지만 그것을 관용으로써 용서하고 과거의 좋지 못한 행동을 결코 마음에 두는 법이 없다는 말.

불능판숙맥 不能辦菽麥

아닐 **불** 능할 **능** 힘쓸 **판** 콩 **숙** 보리 **맥**

【풀이】 얼마나 어리석은지 콩과 보리를 구별하지 못한다는 뜻으로, 지극히 어리석은 것을 말함.

불모지지 不毛之地

아닐 **불** 털 **모** 갈 **지** 땅 **지**

【풀이】 땅이 척박하기 때문에 초목이나 곡식이 잘 자라지 않는 땅을 말함.

불문가지 不問可知

아닐 **불** 물을 **문** 옳을 **가** 알 **지**

【풀이】 묻지 아니하여도 알 수 있다는 뜻으로, 물을 것도 없이 뻔하다는 말.

ㅂ

불문곡직 不問曲直

아닐 **불** 물을 **문** 굽을 **곡** 곧을 **직**

〖풀이〗 옳고 그른 것을 따지지도 않고 함부로 처리한다는 말.

불비불명 不蜚不鳴

아닐 **불** 날 **비** 아닐 **불** 울 **명**

〖풀이〗 새가 날지도 않고 울지도 않는다는 뜻으로, 큰 일을 하기 위해 오랫동안 조용히 때를 기다림을 이르는 말.

불비지혜 不費之惠

아닐 **불** 쓸 **비** 갈 **지** 은혜 **혜**

〖풀이〗 자기에게는 해가 될 것이 없고 남에게는 이익이 될 만하게 베풀어주는 은혜를 말함.

불사약 不死藥

아닐 **불** 죽을 **사** 약 **약**

【풀이】 죽지 않는 약이라는 뜻으로, 죽음을 피할 수 있는 약이라는 말.

불수진 弗鬚塵

털 **불** 수염 **수** 먼지 **진**

【풀이】 수염의 먼지를 턴다는 뜻으로, 윗사람이나 권력자에게 아부하거나 비굴한 태도를 보이는 것을 이르는 말.

불원천리 不遠千里

아닐 **불** 멀 **원** 일천 **천** 마을 **리**

【풀이】 천리를 멀다고 하지 않는다는 뜻으로, 먼 곳임에도 불구하고 찾아올 때 이르는 말.

불위농시 不違農時

아닐 **불** 어길 **위** 농사 **농** 때 **시**

【풀이】 농사지을 때를 어기지 않는다는 뜻으로, 알맞은 시기에 때를 놓치지 않고 농사일을 해야함을 이르는 말.

ㅂ

불입호혈 부득호자 不入虎穴 不得虎子

아닐 **불** 들 **입** 범 **호** 구멍 **혈** 아닐 **불** 얻을 **득** 범 **호** 아들 **자**

【풀이】 호랑이 굴에 들어가지 않고는 호랑이 새끼를 얻지 못한다는 뜻으로, 모험을 하지 않고는 큰일을 할 수 없음을 비유하는 말.

불초 不肖

아닐 **불** 닮을 **초**

【풀이】 닮지 않았다는 뜻으로, 아버지를 닮지 않아 현명하지 못하고 어리석다는 말.

불치하문 不恥下問

아닐 **불** 부끄러울 **치** 아래 **하** 물을 **문**

【풀이】 자기보다 나이가 적고 지위가 낮은 사람에게 묻는다는 뜻으로, 자기보다 지위나 학식이 적은 사람일지라도 모르는 것을 묻고 가르침을 청하는것을 부끄러워하지 않음을 이르는 말.

불혹 不惑

아닐 **불** 미혹할 **혹**

【풀이】 세상의 일에 혹하지 않는다는 뜻으로, 나이 마흔을 가리키는 말.

붕정만리 鵬程萬里

붕새 **붕** 과정 **정** 일만 **만** 마을 **리**

【풀이】 붕새는 만 리를 날아간다는 뜻으로, 앞날의 희망이 크고 한없이 많음을 일컫는 말.

ㅂ

비견접종 比肩接踵

비교할 **비** 어깨 **견** 접할 **접** 발꿈치 **종**

【풀이】 어깨가 맞닿고 발꿈치가 맞닿는다는 뜻으로, 사람이 많은 것을 비유하여 이르는 말.

비방지목 誹謗之木

헐뜯을 **비** 헐뜯을 **방** 갈 **지** 나무 **목**

【풀이】 남을 헐뜯어 비방하는 나무라는 뜻으로, 제요(帝堯) 때, 백성에게 정치의 과실을 쓰게 하여 이로써 스스로 반성하기 위하여 교량위에 세운 나무를 말한다.

비불외곡 臂不外曲

팔 **비** 아닐 **불** 바깥 **외** 굽을 **곡**

【풀이】 팔은 밖으로 내굽지 않는다는 뜻으로, 사람의 마음이나 생각은 어쩔 수 없이 자기 중심적이라는 말.

비석지심 匪石之心

대상자**비** 돌**석** 갈**지** 마음**심**

〖풀이〗 내 마음은 돌이 아니므로 굴려서 바꾸지 못한다는 뜻으로, 확고 부동한 마음을 이르는 말.

비육지탄 髀肉之嘆

넓적다리**비** 살**육** 갈**지** 탄식할**탄**

〖풀이〗 넓적다리에 살이 찌는 것을 한탄한다는 뜻으로, 자신의 재능을 떨칠 기회를 갖지 못하고 헛되이 세월만 보내는 것을 탄식하여 이르는 말.

빈계지신 牝鷄之晨

암컷**빈** 닭**계** 갈**지** 새벽**신**

〖풀이〗 암탉이 먼저 울어서 새벽을 알린다는 뜻으로, 여자가 남편을 제쳐놓고 자기 마음대로 일을 처리함을 비유하는 말.

ㅂ

빈사다연 鬢絲茶煙

귀밑털**빈** 실**사** 차**다** 연기**연**

〖풀이〗 하얗게 흐트러진 머리털과 차 끓이는 연기라는 뜻으로, 노후에 편안한 생활을 즐기면서 화려했던 젊은 날을 그리워하는 고독감을 비유하는 말.

빈자소인 貧者小人

가난할**빈** 놈**자** 작을**소** 사람**인**

〖풀이〗 가난한 사람은 스스로 마음이 활발하지 못하기 때문에 못난 사람처럼 되기 쉽다는 말.

빈자일등 貧者一燈

가난할**빈** 놈**자** 한**일** 등불**등**

〖풀이〗 가난한 사람이 밝힌 등불 하나라는 뜻으로, 정성을 다해 부처님에게 바친 등불 하나가 부귀한 사람들이 바친 만 개의 등불보다 공덕이 크다는 것으로 참다운 마음과 정성이 소중함을 비유하는 말.

빙탄불상용 氷炭不相容

얼음**빙** 숯**탄** 아닐**불** 서로**상** 용납할**용**

〖풀이〗 얼음과 숯불은 서로 용납하지 못한다는 뜻으로, 서로 정반대가 되어 둘의 관계가 서로 받아들여지지 않음을 이르는 말.

빙호지심 氷壺之心

얼음**빙** 병**호** 갈**지** 마음**심**

〖풀이〗 백옥으로 만든 항아리에 얼음 한 조각을 넣은 것처럼 맑고 투명한 마음이라는 뜻으로, 청렴결백한 마음을 이르는 말.

人

사가망처 徙家忘妻

옮길 **사** 집 **가** 잊을 **망** 아내 **처**

〖풀이〗 이사할 때에 자기의 아내를 잊어버리고 간다는 뜻으로, 잘 잊고 기억력이 없는 사람을 두고 하는 말.

사기종인 舍己從人

집 **사** 자기 **기** 좇을 **종** 사람 **인**

〖풀이〗 자기의 그 전 행위를 버리고 타인의 선행을 본떠 행한다는 뜻으로, 자신의 생각에만 치우치지 않고 남의 생각을 받아들이는 것을 말함.

사기포서 使驥捕鼠

하여금사 천리마기 사로잡을포 쥐서

【풀이】 천리를 달리는 말에게 쥐를 잡게 한다는 뜻으로, 사람을 쓸 줄 모르는 것을 비유하는 말. 사람을 잘못 쓰면 유능한 사람도 무능해 진다는 뜻.

사단취장 舍短取長

집사 짧을단 취할취 길장

【풀이】 단점을 버리고 장점을 취한다는 뜻으로, 옳고 그름을 잘 판단하여 뛰어난 점을 자기의 것으로 만드는 것을 말함.

사마소지심 司馬昭之心

성사 말마 밝을소 갈지 마음심

【풀이】 사마소의 마음은 길을 가는 사람도 다 안다는 뜻으로, 음흉한 마음이나 음모가 백일하에 드러났음을 이르는 말.

ㅅ

사면초가 四面楚歌

넉**사** 방향**면** 초나라**초** 노래**가**

〖풀이〗 사방에서 초나라의 노랫소리가 들린다는 뜻으로, 사방이 빈틈없이 적에게 포위되어 고립된 상태로 극도로 어려운 처지에 빠진 것을 이르는 말.

사문부산 使蚊負山

하여금**사** 모기**문** 질**부** 산**산**

〖풀이〗 모기에게 산을 지게 한다는 뜻으로, 능력이 모자라 중책을 감당하지 못함을 비유하는 말.

사발통문 沙鉢通文

모래**사** 바리때**발** 통할**통** 글월**문**

〖풀이〗 호소문이나 격문 등에서 주모자를 숨기기 위해 관계자의 성명을 사발 모양으로 둥글게 뻥 돌려 적은 통문(通文)을 말함.

사불급설 駟不及舌

사마**사** 아닐**불** 미칠**급** 혀**설**

〖풀이〗 네 필의 말이 끄는 마차도 혀보다 빠르지 않다는 뜻으로, 진실이나 허위를 떠나서 한 번 사람들의 입에 오르면 퍼지는 속도가 몹시 빠르니 언제나 말을 조심하라는 것을 비유하는 말.

사불명목 死不瞑目

죽을**사** 아닐**불** 눈감을**명** 눈**목**

〖풀이〗 죽을 때에도 눈을 제대로 감지 못한다는 뜻으로, 마음에 맺히고 근심이 되어 마음놓고 편히 죽지 못함을 비유하는 말.

사상누각 沙上樓閣

물이름**사** 위**상** 다락**루** 다락집**각**

〖풀이〗 모래 위에 세운 누각이라는 뜻으로, 어떤 사물의 기초가 튼튼하지 못하여 오래 견디지 못함을 비유한 말.

사생유명 死生有命

죽을사 날생 있을유 목숨명

【풀이】 사람이 살고 죽는 것은 하늘에 달려 있으므로 운명은 사람의 힘으로는 어떻게 할 수 없다는 말.

사시이비 似是而非

같을사 같을시 말이을이 아닐비

【풀이】 겉은 제법 비슷하나 속은 전혀 다르다는 뜻으로, 겉으로 보거나 얼른 보기에는 진짜인 듯하지만 근본적으로 속이 다른 가짜를 가리키는 말.

사시지서 四時之序

넉사 때시 갈지 차례서

【풀이】 공을 세우고 명성을 얻은 사람은 춘하추동의 사계절이 차례로 바뀌어 가듯이 깨끗하게 그 자리를 후진에게 물려주어야 한다는 것을 말함.

사위지기자사 士爲知己者死

선비**사** 할**위** 알**지** 자기**기** 놈**자** 죽을**사**

〖풀이〗 남자는 자기를 알아주는 사람을 위해서 목숨을 걸고 그에게 충성을 다한다는 말.

사유종시 事有終始

일**사** 있을**유** 끝날**종** 처음**시**

〖풀이〗 사물에는 반드시 처음과 끝이 있다는 뜻으로, 어떤 일에도 시작이 있으면 반드시 끝이 있다는 말.

사이후이 死而後已

죽을**사** 말이을**이** 뒤**후** 이미**이**

〖풀이〗 죽은 뒤에야 비로서 작정한 일을 그만둘만큼 있는 힘을 다한다는 뜻으로, 의지가 굳음의 비유로 씀.

사인선사마 射人先射馬

쏠 **사** 사람 **인** 먼저 **선** 쏠 **사** 말 **마**

〖풀이〗 사람을 쏘기 위해서 먼저 말을 쏜다는 뜻으로, 상대방을 제압하려면 먼저 그 사람이 의지하고 있는 것부터 없애야 함을 이르는 말.

사자후 獅子吼

사자 **사** 아들 **자** 사자우는소리 **후**

〖풀이〗 사자가 울부짖는 소리라는 뜻으로, 진리나 정의를 당당히 밝혀 말하거나 큰 목소리로 열변을 토하는 것을 비유하는 말. 불교에서 부처님의 위엄스런 설법을 이르는 말.

사제사초 事齊事楚

섬길 **사** 제나라 **제** 섬길 **사** 초나라 **초**

〖풀이〗 제나라를 섬길 것인가 초나라를 섬길 것인가라는 뜻으로, 중간에 끼어서 이러지도 못하고 저러지도 못하는 딱한 사정을 비유하는 말.

사족 蛇足

뱀사 발족

【풀이】 뱀의 발이라는 뜻으로, 쓸데없는 손질을 하거나 공연히 손을 대어 긁어 부스럼을 만들 때 쓰는 말. 또는 일을 그르칠 때에 비유로 쓰는 말.

사중구생 死中求生

죽을**사** 가운데**중** 구할**구** 날**생**

【풀이】 죽음이 눈앞에 닥쳐온 것을 알고 있는 절망적인 상태라 할지라도 살아날 수단을 강구하는 것을 말함.

사지 四知

넉**사** 알**지**

【풀이】 하늘이 알고 땅이 알고 네가 알고 내가 안다는 뜻으로, 세상에 비밀이 없다는 말.

ㅅ

사체불근 오곡불분 四體不勤 五穀不分

넉 **사** 몸 **체** 아닐 **불** 부지런할 **근** 다섯 **오** 곡식 **사** 아닐 **불** 나눌 **분**

〖풀이〗 사지(四肢)를 움직이기도 싫어하고, 오곡도 가리지 못한다는 뜻으로, 옛날에 선비들을 조롱하는 말.

사택망처 徙宅忘妻

옮길 **사** 집 **택** 잊을 **망** 아내 **처**

〖풀이〗 집을 옮기면서 아내를 잊어버린다는 뜻으로, 정말로 중요한 것을 잊어버리는 얼빠진 사람을 비유하는 말.

사통오달 四通五達

넉 **사** 통할 **통** 다섯 **오** 통할 **달**

〖풀이〗 여러 곳으로 길이 열려 있어 모두 통한다는 뜻으로, 여러 방면의 지식이 풍부하여 무엇이 든지 척척 대답하는 사람을 말함.

사표 師表

스승 사 겉 표

〖풀이〗 세상의 본보기가 될 정도로 훌륭한 사람. 또한 스승이 될 만한 본보기가 되는 인물을 말한다.

사필귀정 事必歸正

일 사 반드시 필 돌아갈 귀 바를 정

〖풀이〗 처음에는 잘못된 것을 가리지 못해 그릇치더라도 모든 일이 끝에서는 반드시 정리(正理)로 돌아간다는 말.

사해형제 四海兄弟

넉 사 바다 해 맏 형 아우 제

〖풀이〗 온 세상의 사람들이 형제와 같다는 뜻으로, 세상의 사람은 모두 나와 똑같은 인류로서 형제와 같음을 이르는 말.

ㅅ

사회복연 死灰復燃

죽을**사** 재**회** 돌아볼**복** 타오를**연**

【풀이】 식은 재에서 다시 불길이 일어난다는 뜻으로, 권세를 잃어버렸던 사람이 다시 권세를 되찾는 것을 말한다.

사후약방문 死後藥方文

죽을**사** 뒤**후** 약**약** 모**방** 글월**문**

【풀이】 상여 뒤에 약방문이라는 뜻으로, 평소 방비를 소홀히 하다가 실패한 뒤에야 대책을 세우거나 후회해도 소용없다는 말.

산고수장 山高水長

산**산** 높을**고** 물**수** 길**장**

【풀이】 산은 높고 물은 유유히 흐른다는 뜻으로, 군자의 덕이 높고 끝없음을 산의 우뚝 솟음과 큰 냇물의 흐름에 비유한 말.

산자수명 山紫水明

산**산** 자주빛**자** 물**수** 밝을**명**

【풀이】 산은 자줏빛으로 보이고 물은 깨끗하고 맑다는 뜻으로, 산수의 경치가 썩 좋음을 이르는 말.

ㅅ

산전수전 山戰水戰

산**산** 싸움**전** 물**수** 싸움**전**

【풀이】 이 세상의 온갖 고생과 어려움을 다 겪어 경험이 많은 것을 이르는 말.

산중무력일 山中無曆日

산**산** 가운데**중** 없을**무** 책력**력** 해**일**

【풀이】 산 속에서 조용히 사는 사람은 세월이 빠르게 지나가는 것을 모른다는 뜻.

살신성인 殺身成仁

죽을 사 몸 신 이룰 성 어질 인

〖풀이〗 자신의 몸을 희생하여 인(仁)을 이룬다는 뜻으로, 위급할 때 자신의 몸을 죽여서 정의를 이룩하는 것이 사람의 올바른 자세라고 이르는 말.

삼강오륜 三綱五倫

석 삼 근본 강 다섯 오 윤리 륜

〖풀이〗 유교 도덕에서 바탕이 되는 세 가지 강(綱)과 지켜야 할 다섯 가지 도리를 말함. 곧 군위신강, 부위자강, 부위부강과 군신유의, 부자유친, 부부유별, 장유유서, 붕우유신 등.

삼고초려 三顧草廬

석 삼 돌아볼 고 풀 초 오두막집 려

〖풀이〗 초가집을 세 번 찾아간다는 뜻으로, 머리 숙여 널리 인재를 구할 때에 사용되는 말. 유비가 제갈량을 세 번 찾아가 그를 군사(軍師)로 초빙함.

삼년불비 三年不飛

석**삼** 해**년** 아닐**불** 날**비**

〖풀이〗 새가 3년 동안이나 날지 않는다는 뜻으로, 목적하는 일을 이루기 위해서는 침착하게 때를 기다리며 기회를 찾음의 비유.

삼부지양 三釜之養

석**삼** 가마**부** 갈**지** 기를**양**

〖풀이〗 아주 적은 수입으로 살아가고 있음에도 불구하고 부모에게 효도를 게을리 하지 않는 것을 말함.

삼십육계 주시상계 三十六計 走時上計

석**삼** 열**십** 여섯**륙** 꾀**계** 달릴**주** 때**시** 위**상** 꾀**계**

〖풀이〗 서른여섯 가지의 계책을 뜻하는 것으로, 온갖 계책을 다 써 보았어도 되지 않을 때에는 달아나는 것이 상책이라는 말.

삼인성호 三人成虎

석**삼** 사람**인** 이룰**성** 범**호**

【풀이】 세 사람이 짜면 호랑이가 거리에 나왔다는 거짓말도 할 수 있다는 뜻으로, 근거 없는 거짓말이라도 여러 사람이 말하면 참말로 믿기 쉬움을 이르는 말.

삼인행필유아사 三人行必有我師

석**삼** 사람**인** 다닐**행** 반드시**필** 있을**유** 나**아** 스승**사**

【풀이】 세 사람이 어떤 일을 같이 하면 반드시 스승으로서 배울 만한 사람이 있다는 뜻으로, 나쁜 본보기이든 좋은 본보기이든 거기에는 분명 배울 것이 있다는 말.

삼종지도 三從之道

석**삼** 좇을**종** 갈**지** 길**도**

【풀이】 봉건 시대에 여자가 지켜야 할 세 가지 예의 도덕을 말함. 여자는 어려서 어버이에게 순종하고, 시집가서는 남편에게 순종하고 남편이 죽은 후에는 아들에게 순종하여야 한다는 뜻.

삼지무려 三紙無驢

석**삼** 종이**지** 없을**무** 당나귀**려**

〖풀이〗 종이 세 장을 쓰고도 '려'자 하나 못 쓴다는 뜻으로, 허세만 있고 재주는 없는 사람이나 그런 경우를 비유하는 말.

삼척염식령감 三尺髥食令監

석**삼** 자**척** 구레나룻**염** 먹을**식** 벼슬**령** 벼슬이름**감**

〖풀이〗 수염이 석 자라도 먹어야 양반이라는 뜻으로, 체면만 차리고 점잖을 빼다가는 아무것도 못 한다는 말.

삼호망진 三戶亡秦

석**삼** 집**호** 망할**망** 진나라**태**

〖풀이〗 세 집으로도 진나라를 망하게 할 수 있다는 뜻으로, 작은 일도 자꾸 쌓이면 결국 단단한 물건이나 터전도 무너진다는 말.

상가지구 喪家之狗

죽을**상** 집**가** 갈**지** 개**구**

【풀이】 상갓집 개라는 뜻으로, 여위고 기운 없이 초라한 모습으로 이곳저곳을 기웃거리며 얻어먹을 것만 찾아다니는 사람을 빈정거려 이르는 말.

상궁지조 傷弓之鳥

상처**상** 활**궁** 갈**지** 새**조**

【풀이】 한번 화살을 맞은 새는 굽은 나무만 봐도 놀란다는 뜻으로, 한번 크게 혼이 난 일로 늘 경계하거나 두려워하는 것을 말함.

상마실지수 相馬失之瘦

서로**상** 말**마** 잃을**실** 갈**지** 숨길**수**

【풀이】 말의 우열을 가름할 때 야윈 말은 제쳐놓는다는 뜻으로, 아무리 훌륭한 인재라도 가난하면 올바른 평가를 받을 수 없다는 말.

상사병 相思病

서로 **상** 생각 **사** 병들 **병**

〖풀이〗 사랑을 이루지 못해 생긴 병으로, 남녀 사이에 못잊어 그리워하지만 뜻을 이루지 못해서 고민한 나머지 생기는 병을 이르는 말.

상유양심 尙有良心

오히려 **상** 있을 **유** 어질 **양** 마음 **심**

〖풀이〗 악한 일을 한 사람에게도 아직 양심은 남아 있다는 뜻으로, 바른 길로 인도할 여지가 남아 있음을 이르는 말.

상전벽해 桑田碧海

뽕나무 **상** 밭 **전** 푸를 **벽** 바다 **해**

〖풀이〗 뽕나무 밭이 변하여 푸른바다가 된다는 뜻으로, 세상일이 덧없이 바뀜을 이르는 말.

상하기수 上下其手

위상 아래하 그기 손수

【풀이】 위아래가 바뀐다는 뜻으로, 권세를 이용해서 옳고 그름을 뒤바뀌게 만드는 것을 이르는 말.

상하탱석 上下撑石

위상 아래하 버팀목탱 돌석

【풀이】 윗돌 빼어 아랫돌 괴고 아랫돌 빼어 윗돌을 괸다는 뜻으로, 몹시 꼬이고 다급한 일을 임시변통으로 이리저리 견디어 나감을 이르는 말.

새옹지마 塞翁之馬

변방새 늙은이옹 갈지 말마

【풀이】 변방 늙은이의 말이라는 뜻으로, 인생의 길흉화복은 늘 바뀌어 변화가 많음을 이르는 말.

생구불망 生口不網

날**생** 입**구** 아닐**불** 근본**망**

【풀이】 '산 입에 거미줄 치랴' 라는 뜻으로, 아무리 궁색해도 그럭저럭 먹고 살 수 있다는 말.

생기사귀 生寄死歸

날**생** 의지할**기** 죽을**사** 돌아갈**귀**

【풀이】 머물러 있다가 되돌아간다는 뜻으로, 사람이 이 세상에 산다는 것은 잠시 머물러 있음에 지나지 않는 것이며 죽는다는 것은 자기가 왔던 곳으로 되돌아간다는 것을 이르는 말.

생살여탈 生殺與奪

날**생** 죽일**살** 더불**여** 빼앗을**탈**

【풀이】 살리고 죽이고 주고 뺏고 마음대로 하는 권력을 말함.

생자필멸 生者必滅

날생 놈자 반드시필 멸할멸

〖풀이〗 생명이 있는 것은 빠름과 늦음의 차이는 있어도 반드시 죽는다는 말.

서시빈목 西施矉目

서녘서 베풀시 찡그릴빈 눈서

〖풀이〗 서시가 눈살을 찌푸린다는 뜻으로, 영문도 모르고 공연히 남의 흉내만 내는 것을 비유하는 말.

서제막급 噬臍莫及

물서 배꼽제 없을막 미칠급

〖풀이〗 사람에게 잡힌 노루가 배꼽 때문에 잡힌 줄 알고 배꼽을 물어뜯는다는 뜻으로, 기회를 잃어버린 뒤에는 아무리 후회해도 소용이 없음을 이르는 말.

서족이기성명 書足以記姓名

글서 족할족 써이 쓸기 성성 이름명

〖풀이〗 글은 자기 성과 이름만 쓰면 족하다는 뜻으로, 실천은 하지 않고 학식만 앞세우는 태도를 비유하는 말.

석권 席卷

자리석 말권

〖풀이〗 '자리를 말다' 라는 뜻으로, 어떤 지역이나 영역에서 세력을 떨치거나 상대를 모두 넘어뜨리고 이기는 것을 일컫는 말.

석수침류 石漱枕流

돌석 양치질할수 베개침 흐를류

〖풀이〗 돌로 양치질하고 흐르는 물을 베개로 삼는다는 뜻으로, 어떤 일에 공연히 억지를 부린다는 말.

선우후락 先憂後樂

먼저 선 근심할 우 뒤 후 즐길 락

【풀이】 세상의 근심할 일은 남보다 먼저 하고 즐기는 일은 남보다 나중에 즐기라는 뜻.

선의순지 先意順旨

먼저 선 뜻 의 좇을 순 뜻 지

【풀이】 먼저 뜻을 좇는다는 뜻으로, 다른 사람이 원하는 것을 먼저 알고 비위를 맞추는 아부를 이르는 말.

선입견 先入見

먼저 선 들 입 볼 견

【풀이】 먼저 들은 말로 견해가 굳어진다는 뜻으로, 맨 먼저 보고 들은 것이나 배운 것이 자신의 생각이나 판단의 기준이 되기 쉽다는 말.

선즉제인 先則制人

먼저 **선** 법칙 **즉** 마를 **제** 사람 **인**

〖풀이〗 선수를 치면 다른 사람을 제압할 수 있다는 뜻으로, 상대가 오기를 기다리기보다 선수를 치면 더욱 유리하다는 말.

선지부지설 蟬之不知雪

매미 **선** 갈 **지** 아닌가 **부** 알 **지** 눈 **설**

〖풀이〗 자신이 보고 듣지도 않았다고 해서 남의 말을 믿으려고 하지 않는 것은 마치 매미가 여름에만 살다 가기 때문에 겨울에 눈이 없다고 말하는 것과 같다고 하는 견문이 좁은 것을 비유하는 말.

선침온석 扇枕溫席

부채 **선** 베개 **침** 따뜻할 **온** 자리 **석**

〖풀이〗 여름에는 부모의 베갯머리에서 부채질을 해드리고 겨울에는 자신의 체온으로 부모의 이부자리를 따뜻하게 해드린다는 뜻으로, 부모에게 효도를 하고 효성스러운 것을 말함.

설상가상 雪上加霜

눈**설** 위**상** 더할**가** 서리**상**

〖풀이〗 눈 위에 서리가 내린다는 뜻으로, 불행이 엎친 데 덮친다는 말.

ㅅ

설저유부 舌底有斧

혀**설** 밑**저** 있을**유** 도끼**부**

〖풀이〗 혀 밑에 도끼가 있다는 뜻으로, 말을 잘못하면 재앙을 얻게 되니 말조심하라는 뜻.

섭공호룡 葉公好龍

사람이름**섭** 어른**공** 좋아할**호** 용**룡**

〖풀이〗 섭공이 용을 좋아한다는 뜻으로, 사람이 겉으로는 무엇을 좋아하는 것 같으나, 속마음은 그렇지 않음을 이르는 말.

성공지하불가구처 成功之下不可久處

이룰**성** 공**공** 갈**지** 아래**하** 아닐**불** 옳을**가** 오랠**구** 살**처**

〖풀이〗 높은 자리에 오래 앉아 있으면 주위로부터 시기를 받아 끝내 재앙을 만나게 된다는 뜻으로, 성공해서 명예를 얻었으면 자리에서 깨끗이 물러나야만 한다는 비유의 말.

성하지맹 城下之盟

성**성** 아래**하** 갈**지** 맹세할**맹**

〖풀이〗 성 아래에서 하는 맹세라는 뜻으로, 적군이 수도의 성 아래에까지 쳐들어오자 몹시 굴욕적으로 항복하고 맺는 맹약을 이르는 말.

세월부대인 歲月不待人

해**세** 달**월** 아닐**불** 기다릴**대** 사람**인**

〖풀이〗 세월은 사람을 기다리지 않는다는 뜻으로, 세월은 한번 흘러가면 다시 돌아오지 않음을 일컫는 말.

세이 洗耳

씻을세 귀이

〖풀이〗 더러운 말을 들었을 때 귀를 씻어 깨끗이 하는 것을 뜻하는 것으로, 자기의 행실을 깨끗이 하는 것을 비유하는 말.

소규조수 蕭規曹隨

쑥소 법규 성조 따를수

〖풀이〗 소하가 제정한 법령·제도를 조참이 그대로 이어받아 지킨다는 뜻으로, 국정을 담당하는 사람은 정치상의 규정이나 제도를 간소화해서 백성을 안심시키지 않으면 국가를 안정시킬 수 없다는 말.

소리장도 笑裏藏刀

웃음소 속리 감출장 칼도

〖풀이〗 웃음 속에 칼을 감춘다는 뜻으로, 말은 좋게 하나 속으로는 해칠 뜻을 가진 것을 비유하여 이르는 말.

소림일지 巢林一枝

집소 수풀림 한일 가지지

〖풀이〗 새는 숲 속에 둥지를 틀어도 단 하나의 가지 밖에 차지하지 않는다는 뜻으로, 자기 분수에 만족할 줄 알아야 한다는 말.

소심익익 小心翼翼

작을소 마음심 삼갈익 삼갈익

〖풀이〗 조그만 일에까지 몹시 조심하고 생각하는 모양. 또는 도량이 좁고 겁이 많아 벌벌 떠는 모양을 말함.

소자불가측 笑者不可測

웃음소 놈자 아닐불 옳을가 잴측

〖풀이〗 욕을 하면서 화를 내는 사람은 보통의 감정을 가진 사람이기 때문에 그다지 위험하지는 않지만, 화를 잘 내지 않고 웃고 있는 사람은 마음속으로 어떤 생각을 하고 있는지 알 수가 없어 위험한 존재라는 말.

소훼란파 巢毁卵破

새집 **소** 무너질 **훼** 알 **란** 깨뜨릴 **파**

〖풀이〗 새집이 무너지면 알도 깨어진다는 뜻으로, 국가나 사회에 불행이 있으면 국민들도 불행을 당하게 되는 것을 이르는 말.

ㅅ

속지고각 束之高閣

묶음 **속** 갈 **지** 높을 **고** 다락집 **각**

〖풀이〗 물건을 묶어서 높은 곳에 놓아둔다는 뜻으로, 물건을 오랫동안 사용하지 않고 그대로 방치한다는 말.

손자삼요 損者三樂

잃을 **손** 놈 **자** 석 **삼** 좋아할 **요**

〖풀이〗 인생의 삼요 중 교만하게 굴기를 좋아하고, 한가하게 놀기를 좋아하고, 늘 주색의 향연을 좋아함은 곧 세 가지 손해라는 말.

송양지인 宋襄之仁

송나라 **송** 이룰 **양** 갈 **지** 어질 **인**

〖풀이〗 송나라 양공(襄公)의 어짐을 뜻하는 것으로, 너무 어질기만 하여 쓸데없는 아량을 베푸는 것을 이르는 말.

수경무사 水鏡無私

물 **수** 거울 **경** 없을 **무** 사사로이할 **사**

〖풀이〗 늘 수평을 유지하는 맑은 물과 물체의 형상을 있는 그대로 비추는 거울처럼 사심없는 공평함을 비유하는 말.

수구초심 首丘初心

머리 **수** 언덕 **구** 처음 **초** 마음 **심**

〖풀이〗 여우가 죽을 때엔 자기가 살던 곳을 향해 머리를 둔다는 뜻으로, 근본을 잊지 않음을 이르는 말.

수렴청정 垂簾聽政

드리울**수** 발**렴** 들을**청** 정사**정**

〖풀이〗 보위에 오른 임금의 나이가 어리거나 몸이 약한 경우 임금의 모친이나 황태후, 또는 조모인 태황태후가 임금 대신 정사를 보는 것을 말함.

수복난재수 水覆難再收

물**수** 뒤집힐**복** 어려울**난** 두**재** 거둘**수**

〖풀이〗 엎질러진 물은 다시 담을 수 없다는 뜻으로, 한 번 실수는 다시 돌이킬 수 없다는 말.

수서양단 首鼠兩端

머리**수** 쥐**서** 둘**량** 끝**단**

〖풀이〗 구멍에서 쥐가 머리만 내밀고 밖으로 나갈까 말까를 망설인다는 뜻으로, 어떤 일에 대해 결단을 내리지 못한다는 말.

수석침류 漱石枕流

양치질할 **수** 돌 **석** 벨 **침** 흐를 **류**

〖풀이〗 돌로 양치질하고 흐르는 물을 베개로 삼는다는 뜻으로, 실패를 인정하려 들지 않고 억지를 쓴다는 말.

수수방관 袖手傍觀

소매 **수** 손 **수** 곁 **방** 볼 **관**

〖풀이〗 팔짱을 끼고 곁에서 보고만 있다는 뜻으로, 간섭하지 않고 그냥 그대로 내버려둔다는 말.

수신제가치국평천하 修身齊家治國平天下

닦을 **수** 몸 **신** 가지런할 **제** 집 **가** 다스릴 **치** 나라 **국** 평평할 **평** 하늘 **천** 아래 **하**

〖풀이〗 천하를 다스리기 전에 자기의 행실을 올바르게 하고 가정을 잘 돌보아야 한다는 말.

ㅅ

수심화열 水深火熱

물 수 깊을 심 불 화 뜨거울 열

〖풀이〗 물은 깊고 불은 뜨겁다는 뜻으로, 백성들이 도탄 속에서 헤매는 어려운 처지를 비유하는 말.

수어지교 水魚之交

물 수 물고기 어 갈 지 사귈 교

〖풀이〗 물과 물고기의 사귐이라는 뜻으로, 물고기가 물을 떠나서는 살 수 없듯이, 떨어지려야 떨어질 수 없는 가까운 사이를 일컫는 말.

수어혼수 數魚混水

셀 수 물고기 어 흐릴 혼 물 수

〖풀이〗 몇 마리의 물고기가 온 물을 흐린다는 뜻으로, 몇몇의 잘못이 다수에게 피해를 준다는 말.

수여쾌오 羞與噲伍

부끄러울 **수** 참여할 **여** 목구멍 **쾌** 대열 **오**

〖풀이〗 용렬한 사람과 어울리는 것을 부끄럽게 여긴다는 뜻으로, 어리석고 변변하지 못한 사람과 어울리는 것을 부끄럽게 여기는 것을 말한다.

수오지심 羞惡之心

부끄러울 **수** 미워할 **오** 갈 **지** 마음 **심**

〖풀이〗 자기의 잘못을 부끄러워할 줄 알고 남의 바르지 못함을 미워하는 마음을 말함.

수욕정이풍부지 樹欲靜而風不止

나무 **수** 하고자할 **욕** 조용할 **정** 말이을 **이** 바람 **풍** 아닌가 **부** 그칠 **지**

〖풀이〗 나무는 조용하고자 하나 바람이 그치지 않는다는 뜻으로, 자식이 부모에게 효도를 하고 싶어도 이미 부모는 세상을 떠나 효도하지 못함을 비유하는 말.

수인사대천명 修人事待天命

닦을 **수** 사람 **인** 일 **사** 기대할 **대** 하늘 **천** 목숨 **명**

〖풀이〗 사람의 힘으로 할 수 있는 일은 다하고 하늘의 명을 기다린다는 말.

수적천석 水滴穿石

물 **수** 물방울 **적** 뚫을 **천** 돌 **석**

〖풀이〗 물방울이 돌을 뚫는다는 뜻으로, 작은 노력이라도 끊임없이 계속하면 큰일을 이룬다는 말.

수주대토 守株待兎

지킬 **수** 그루터기 **주** 기다릴 **대** 토끼 **토**

〖풀이〗 나무 그루터기에 앉아서 토끼를 기다린다는 뜻으로, 힘을 들이지 않고 요행수를 바라거나 앉아서 일이 이루어지기를 기다림을 비유하는 말.

수주탄작 隋珠彈雀

따를 **수** 구슬 **주** 쏠 **탄** 참새 **작**

〖풀이〗 구슬로 참새를 쏘아 잡는다는 뜻으로, 얻는 것보다 잃는 것이 더 많음을 이르는 말.

수즉다욕 壽則多辱

목숨 **수** 법칙 **즉** 많을 **다** 욕되게할 **욕**

〖풀이〗 오래살면 욕된 일이 많다는 뜻으로,. 사람이 오래 살면 살수록 망신스러운 일을 많이 겪게 된다는 말.

수청무대어 水淸無大魚

물 **수** 맑을 **청** 없을 **무** 큰 **대** 물고기 **어**

〖풀이〗 물이 너무 맑으면 물고기가 몸을 숨기지 못해 살 수 없다는 뜻으로, 사람이 지나치게 똑똑하거나 결백하면 다른 사람들이 그를 두려워하고 피하여 벗을 사귀지 못함을 비유한 말.

숙수지환 菽水之歡

콩숙 물수 갈지 기뻐할환

〖풀이〗 콩을 먹고 물을 마시는 가난한 생활을 하면서도 부모를 기쁘게 해드리고 효도를 하는 것을 말함.

순망치한 脣亡齒寒

입술순 무너질망 이치 추울한

〖풀이〗 입술이 없으면 이가 시리다는 뜻으로, 이해관계가 얽히어 있는 사이에서 한 쪽이 망하면 다른 쪽도 잘못 된다는 말.

순풍이호 順風而呼

순할순 바람풍 말이을이 부를호

〖풀이〗 바람이 부는 방향으로 소리친다는 뜻으로, 좋은 기회를 타서 일을 행하면 성사하기 쉬움을 이르는 말.

습인체타 拾人涕唾

주울**습** 사람**인** 눈물**체** 침**타**

〖풀이〗 남의 눈물과 침을 줍는다는 뜻으로, 남의 의견을 자기의 의견으로 삼거나 선인(先人)의 시문(詩文)을 흉내내어 만드는 것을 말함.

승풍파랑 乘風破浪

탈**승** 바람**풍** 깨뜨릴**파** 물결**랑**

〖풀이〗 풍랑을 헤치며 앞으로 나아간다는 뜻으로, 거듭되는 어려움을 이겨내고 앞으로 나아감을 이르는 말.

시시비비 是是非非

옳을**시** 옳을**시** 아닐**비** 아닐**비**

〖풀이〗 공평 무사하게 옳은 것은 옳다 하고 그른 것은 그르다고 판단하는 것을 말함.

시자조슬 視子蚤蝨

볼시 아들자 벼룩조 이슬

〖풀이〗 벼룩과 이를 본다는 뜻으로, 개인의 영달에 눈이 멀어 훌륭한 인물을 그대로 둔다는 말.

ㅅ

식언이비 食言而肥

헛말식 말씀언 어조사이 살찔비

〖풀이〗 헛말로 살이 찐다는 뜻으로, 사람이 신용을 지키지 않고 헛소리만 계속해서 지껄이는 것을 비유하는 말.

식우지기 食牛之氣

먹을식 소우 갈지 기운기

〖풀이〗 범은 새끼 때부터 소를 잡아먹으려는 기개가 있다는 뜻으로, 나이는 어리나 큰 기개가 있음을 비유한 말.

식자우환 識者憂患

알 **식** 사람 **자** 근심 **우** 병 **환**

〖풀이〗 글자를 아는 것이 오히려 근심이라는 뜻으로, 서투른 지식 때문에 오히려 일을 망치게 되는 것을 이르는 말.

식지동 食指動

먹을 **식** 손가락 **지** 움직일 **동**

〖풀이〗 집게손가락이 움직인다는 뜻으로, 음식이나 사물에 대한 욕심을 품었을 때를 이르는 말.

신상필벌 信賞必罰

믿을 **신** 상줄 **상** 반드시 **필** 죄 **벌**

〖풀이〗 공이 있는 사람에게는 반드시 상을 주고, 죄가 있는 사람에게는 반드시 벌을 주는 것을 말함.

ㅅ

신언서판 身言書判

몸신 말씀언 쓸서 판단할판

〖풀이〗 사람이 갖추어야 할 네 가지 조건. 즉 신수, 언변, 문필, 판단력을 말함.

신장즉영장 身長則影長

몸신 길장 곧즉 그림자영 길장

〖풀이〗 '키가 크면 그림자도 길다'는 뜻으로, 훌륭한 사람은 평판도 좋다는 말.

신체발부수지부모 身體髮膚受之父母

몸신 몸체 터럭발 살갗부 받을수 갈지 아버지부 어머니모

〖풀이〗 자신의 몸은 부모로부터 받은 것이므로, 효도는 먼저 부모로부터 물려받은 신체를 손상시키지 않는 일이라는 말.

ㅅ

신출귀몰 神出鬼沒

귀신 **신** 나올 **출** 귀신 **귀** 사라질 **몰**

【풀이】 귀신같이 나타났다가 감쪽같이 사라진다는 뜻으로, 자유자재로 나타났다 사라졌다 하여 있는 곳을 쉽게 확인할 수 없음을 비유하는 말.

신토불이 身土不二

몸 **신** 흙 **토** 아닐 **불** 두 **이**

【풀이】 몸과 태어난 땅은 하나라는 뜻으로, 같은 땅에서 산출된 것이라야 체질에 잘 맞는다는 말.

실사구시 實事求是

참 **실** 일 **사** 구할 **구** 옳을 **시**

【풀이】 참다운 일과 옳은 것을 찾는다는 뜻으로, 사실을 근거하여 사물의 진상·진리를 탐구하는 일을 말함.

심효진상 甚囂塵上

심할 **심** 떠들썩할 **효** 먼지 **진** 위 **상**

〖풀이〗 몹시 시끄럽고 먼지가 일어난다는 뜻으로, 원래는 전투준비에 바쁜 진영의 모습을 그린 말이었으나, 나중에는 의논이 분분하거나 여론이 떠들썩한 것을 비유하는 말로 쓰인다.

십목소시 十目所視

열 **십** 눈 **목** 바 **소** 볼 **시**

〖풀이〗 여러 사람이 다 같이 보고 있다는 뜻으로, 세상의 눈을 속일 수는 없다는 말. 세상에 비밀은 없다는 말.

십벌지목 十伐之木

열 **십** 칠 **벌** 갈 **지** 나무 **목**

〖풀이〗 '열 번 찍어서 안 넘어가는 나무가 없다'는 뜻으로, 아무리 심지가 굳은 사람이라도 여러 번 설득하면 결국은 마음을 돌리게 된다는 말.

십시일반 十匙一飯

열**십** 손가락**시** 한**일** 밥**반**

〖풀이〗 열 사람의 밥에서 한 술씩만 보태면 한 사람 먹을 밥이 생긴다는 뜻으로, 여럿이 힘을 합치면 한 사람을 돕기는 쉽다는 말.

십양구목 十羊九牧

열**십** 양**양** 아홉**구** 기를**목**

〖풀이〗 양 열 마리에 목자가 아홉명이나 된다는 뜻으로, 백성은 적은데 관원이 많음을 비유하는 말.

십지부동 十指不動

열**십** 손가락**지** 아닐**불** 움직일**동**

〖풀이〗 열 손가락을 움직이지 않는다는 뜻으로, 게을러서 일을 하지 않는다는 말.

ㅇ

아도물 阿堵物

의지할 **아** 담 **도** 물건 **물**

〖풀이〗 이것이란 뜻으로 돈을 가리킨다. 옛날 사람들은 돈이라는 말을 입 밖에 내는 것을 비천하게 여겨서 돈을 가리켜 아도물이라고 하였다.

아비규환 阿鼻叫喚

언덕 **아** 코 **비** 짖을 **규** 부를 **환**

〖풀이〗 불가에서 말하는 아비지옥과 규환지옥을 뜻하는 것으로, 참혹한 고통 가운데서 살려달라고 울부짖는 상태를 이르는 말.

아전인수 我田引水

나아 밭전 끌인 물수

〖풀이〗 '자기 논에만 물을 끌어들인다'는 뜻으로, 자기 형편에 좋도록만 생각하거나 행동하는 것을 말함.

악목도천 惡木盜泉

악할악 나무목 훔칠도 샘천

〖풀이〗 더워도 나쁜 나무 그늘에서는 쉬지 않고 목이 말라도 도(盜)란 이름이 붙은 물은 마시지 않는다는 뜻으로, 아무리 곤란해도 도리에 어긋난 일은 행하지 않음을 비유한 말.

악인악과 惡因惡果

악할악 인연인 악할악 실과과

〖풀이〗 나쁜 원인에서 나쁜 결과가 생긴다는 뜻으로, 악한 일을 하면 반드시 악한 갚음이 돌아온다는 말.

안도 安堵

편안할 **안** 담 **도**

〖풀이〗 담 안에서 편안하게 머무른다는 뜻으로, 어떤 어렵고 중대한 일의 한 고비를 넘기고 마음을 놓게 됨을 이르는 말.

안서 雁書

기러기 **안** 글 **서**

〖풀이〗 기러기발에 달린 글귀를 뜻하는 것으로, 먼 곳에 소식을 전하는 편지를 말한다.

안자지어 晏子之御

편안할 **안** 아들 **자** 갈 **지** 마부 **어**

〖풀이〗 안자의 마부라는 뜻으로, 변변치 못한 지위를 믿고 우쭐대는 기량이 작은 사람을 이르는 말.

안중지정 眼中之釘

눈**안** 가운데**중** 갈**지** 못**정**

〖풀이〗 눈 속에 박힌 못. 우리 속담으로는 눈엣가시라는 뜻으로, 몹시 싫거나 미워서 눈에 못이 박힌 것처럼 거슬리는 사람을 이르는 말.

암중모색 暗中摸索

어두울**암** 가운데**중** 더듬을**모** 찾을**색**

〖풀이〗 어두운 가운데서 더듬어 찾는다는 뜻으로, 어림짐작으로 막연히 무엇을 알아내려 하거나 찾으려고 하는 것을 비유하는 말.

앙급지어 殃及池魚

재앙**난** 미칠**급** 연못**지** 물고기**어**

〖풀이〗 재앙이 연못의 물고기에게 미친다는 뜻으로, 이해관계가 있는 사람들의 다툼에 엉뚱한 사람이 화를 당하는 것을 이르는 말. 초나라의 성문에 불이 붙어 성 밖의 연못 물로 불을 끄자 연못의 물이 모두 없어져 물고기들이 모두 말라죽었다는 고사에서 온 말.

앙천대소 仰天大笑

우러러볼 **앙** 하늘 **천** 큰 **대** 웃음 **소**

〖풀이〗 하늘을 우러러 크게 웃는다는 뜻으로, 당치 않은 생각이나 행동을 보고 어이없이 크게 웃는다는 말.

애옥급오 愛屋及烏

사랑할 **애** 집 **옥** 미칠 **급** 까마귀 **오**

〖풀이〗 지붕 위의 까마귀를 사랑한다는 뜻으로, 어떤 사람이 예쁘게 보이면 그와 관계가 있는 모든 것까지도 사랑하게 됨을 이르는 말.

애이불비 哀而不悲

슬플 **애** 말이을 **이** 아닐 **불** 슬퍼할 **비**

〖풀이〗 속으로는 슬프나 겉으로는 나타내지 않는다는 말.

야서지혼 野鼠之婚

들 야 쥐 서 갈 지 혼인할 혼

【풀이】 들쥐의 혼인이라는 뜻으로, 들쥐에게는 들쥐가 가장 좋은 배필이라는 말로 같은 종류는 같은 종류끼리 잘 어울림을 이르는 말.

약관 弱冠

어릴 약 갓 관

【풀이】 남자의 스무 살이 된 때를 뜻하며, 아직도 몸이 건장하지 못하기 때문에 붙인 이름이다. 비로소 성인이 되었다는 말.

약농중물 藥籠中物

약 약 대그릇 농 가운데 중 만물 물

【풀이】 자기 집 약통 안에 있는 물건을 뜻하며, 항상 필요한 때마다 도움을 주는 사람을 말한다.

약법삼장 約法三章

맺을약 법법 석삼 글장

〖풀이〗 임시로 만든 간단한 규칙을 뜻하는 것으로, 공개적으로 어떤 조건을 내세워 성실하게 실천할 것을 약속함을 이르는 말.

약석지언 藥石之言

약약 돌석 갈지 말씀언

〖풀이〗 병을 치료하는 약처럼 효험이 있는 말로 남을 훈계하여 그 사람으로 하여금 자신의 결점을 고치게 하는 아주 이로운 말을 뜻함.

약육강식 弱肉强食

약할약 고기육 굳셀강 먹을식

〖풀이〗 약한 것이 강한 것에게 먹힌다는 말. 강대한 것이 약소한 것을 학대하고 희생시키는 것을 말함.

양고심장약허 良賈沈藏若虛

좋을**양** 장사꾼**고** 깊을**심** 감출**장** 같을**약** 빌**허**

〖풀이〗 좋은 장사꾼은 값진 물건을 깊이 감추고 상점이 텅 빈 것처럼 한다는 뜻으로, 군자는 훌륭한 덕이 있어도 그것을 밖으로 드러내지 않음을 비유하는 말.

양금택목 良禽擇木

좋을**량** 새**금** 가릴**택** 나무**목**

〖풀이〗 현명한 새는 나무를 가려서 앉는다는 뜻으로, 현명한 사람은 자기 재능을 키워 줄 훌륭한 사람을 가려서 섬김을 비유하는 말.

양두구육 羊頭狗肉

양**양** 머리**두** 개**구** 고기**륙**

〖풀이〗 양머리를 걸어놓고 개고기를 판다는 뜻으로, 겉에는 좋은 품질을 내놓고 실제로는 나쁜 물건을 파는 것을 말한다. 즉, 사실과 다른 선전과 판매를 말함.

양상군자 梁上君子

대들보 **양** 윗 **상** 군자 **군** 사람 **자**

〖풀이〗 대들보 위의 군자라는 뜻으로, 도둑을 '양상군자'라 달리 부르는 말이며 대들보 위를 달려가는 쥐의 뜻으로도 쓰인다.

양약고구 良藥苦口

좋을 **양** 약 **약** 쓸 **고** 입 **구**

〖풀이〗 좋은 약은 입에 쓰나 몸에는 이롭다는 뜻으로, 충신의 말은 귀에 거슬리지만 행동에 이롭다는 말.

양탕지비 揚湯止沸

오를 **양** 끓일 **탕** 그칠 **지** 끓을 **비**

〖풀이〗 끓는 물을 퍼냈다가 다시 부어서 더 이상 끓지 못하게 한다는 뜻으로, 일의 빈 구석이나 잘못된 것을 임시변통으로 이리저리 꾸며 맞추는 계책을 이르는 말.

양출제입 量出制入

헤아릴 **양** 날 **출** 마를 **제** 들 **입**

〖풀이〗 나가는 것을 헤아려서 들어오는 것은 제한한다는 뜻으로, 수입과 지출을 계획해서 조정함을 이르는 말.

양포지구 楊布之狗

버들 **양** 베 **포** 갈 **지** 개 **구**

〖풀이〗 양포라는 사람의 개라는 뜻으로, 사람의 겉모습이 달라졌다고 해서 속까지 변했다고 생각한다는 말.

양호이환 養虎貽患

기를 **양** 범 **호** 끼칠 **이** 근심 **환**

〖풀이〗 호랑이를 길러서 근심을 가진다는 뜻으로, 은혜를 베풀었다가 도리어 화를 입게 됨을 이르는 말.

어두육미 魚頭肉尾

물고기 **어** 머리 **두** 고기 **육** 꼬리 **미**

〖풀이〗 물고기는 머리 쪽이 맛이 있고 짐승의 고기는 꼬리 쪽이 맛이 있다는 말.

어부지리 漁父之利

고기잡을 **어** 아버지 **부** 갈 **지** 이로울 **리**

〖풀이〗 도요새와 조개가 서로 싸우다가 어부에게 둘 다 잡힌다하여 어부가 이득을 본다는 뜻으로, 두 사람이 이해관계로 서로 다투는 사이에 엉뚱한 사람이 이익을 챙긴다는 말.

언감생심 焉敢生心

어찌 **언** 견딜성있을 **감** 날 **생** 마음 **심**

〖풀이〗 어찌 감히 그런 마음을 먹을 수 있으랴 하는 뜻으로 씀.

언비천리 言飛千里

말씀언 날비 일천천 마을리

〖풀이〗 '발 없는 말(言)이 천리 간다'는 뜻으로, 말이 빠르고 멀리까지 전하여짐을 이르는 말.

언서음하불과만복 偃鼠飮河不過滿腹

쓰러질언 쥐서 마실음 강이름하 아닐불 지날과 찰만 배복

〖풀이〗 사람은 제 분수를 알아야 한다는 뜻으로, 사람은 자기 분수를 알고 그 분수에 만족할 줄 알아야 한다는 말.

언신지문 言身之文

말씀언 몸신 갈지 글월문

〖풀이〗 말은 인격이나 심정을 나타내는 장식임으로 그 사람의 교양이나 품위를 나타낸다는 뜻.

언어도단 言語道斷

말씀 **언** 말할 **어** 길 **도** 끊을 **단**

〖풀이〗 너무나 사리에 어긋나 말문이 막힌다는 뜻으로, 어이가 없어 말이 나오지 않음을 이름.

엄이도령 掩耳盜鈴

가릴 **엄** 귀 **이** 훔칠 **도** 방울 **령**

〖풀이〗 자기의 귀를 막고 방울을 훔친다는 뜻으로, 자기만 들리지 않으면 다른 사람도 듣지 않을 줄 안다는 어리석음을 이르는 말.

여도지죄 餘桃之罪

남을 **여** 복숭아 **도** 갈 **지** 허물 **죄**

〖풀이〗 먹다 남은 복숭아를 준 죄라는 뜻으로, 사랑을 받을 때는 용서가 되나 사랑이 식으면 죄가 되는 경우로 애정과 증오의 변화가 심함을 비유하는 말.

여민동락 與民同樂

더불어 **여** 백성 **민** 함께 **동** 즐거울 **락**

【풀이】 백성과 더불어 함께 즐긴다는 뜻으로, 백성들과 더불어 즐거움을 함께 한다는 말.

여연지필 如椽之筆

같을 **여** 서까래 **연** 갈 **지** 붓 **필**

【풀이】 서까래 같은 필력이라는 뜻으로, 글재주가 뛰어난 것을 일컫는 말.

여족여수 如足如手

같을 **여** 발 **족** 같을 **여** 손 **수**

【풀이】 형제는 몸에서 떼어놓을 수 없는 팔다리와 같다는 뜻으로, 의가 두터움을 비유하는 말.

역린 逆鱗

거스릴 **역** 비늘 **린**

〖풀이〗 거꾸로 난 비늘이라는 뜻으로, 임금의 분노를 비유하여 이르는 말.

역발산기개세 力拔山氣蓋世

힘 **역** 뽑을 **발** 산 **산** 기운 **기** 덮을 **개** 세상 **세**

〖풀이〗 힘은 산을 뽑고 기운은 세상을 덮는다는 뜻으로, 힘은 강하고 위대하며 용기와 기상은 온 세상을 덮을 만큼 왕성함을 이르는 말.

역자이교지 易子而敎之

바꿀 **역** 아들 **자** 말이을 **이** 가르칠 **교** 갈 **지**

〖풀이〗 자식을 서로 바꾸어 가르친다는 뜻으로, 부모가 직접 자기 자식을 가르치기는 매우 어렵다는 말.

연리지 連理枝

이을 **연** 이치 **리** 가지 **지**

〖풀이〗 나뭇가지와 가지가 맞닿아 있다는 뜻으로, 금실이 좋은 부부나 남녀 관계를 비유하여 이르는 말.

연목구어 緣木求魚

가선 **연** 나무 **목** 구할 **구** 고기 **어**

〖풀이〗 나무에 올라 물고기를 구한다는 뜻으로, 불가능한 일을 이루려고 하거나 잘못된 방법으로 목적을 이루려고 한다는 말.

연작안지 홍곡지지 燕雀安知 鴻鵠之志

제비 **연** 참새 **작** 편안할 **안** 알 **지** 큰기러기 **홍** 고니 **곡** 갈 **지** 뜻 **지**

〖풀이〗 '제비나 참새 같은 작은 새가 어찌 기러기나 고니 같은 큰 새의 마음을 알 수 있으랴' 라는 뜻으로, 소인배는 큰 인물의 원대한 포부를 알지 못한다는 비유의 말.

ㅇ

영만지구 盈滿之咎

찰영 찰만 갈지 허물구

【풀이】 달도 차면 기운다는 이치로 만사가 다 이루어졌을 때는 도리어 화를 가져오게 될 수 있음을 뜻하는 말.

예미도중 曳尾塗中

끌예 꼬리미 진흙도 가운데중

【풀이】 거북이 갯벌에 꼬리를 끌면서 제 마음대로 다닌다는 뜻으로, 부귀영화를 누리면서 구속된 생활을 하는 것보다는 비록 가난하더라도 자유로운 생활을 누리는 것이 낫다는 것을 비유하는 말.

오기의불오기인 惡其意不惡其人

미워할오 그기 뜻의 아닐불 미워할오 그기 사람인

【풀이】 죄를 지은 그 마음은 미워하지만 그 사람은 미워하지 않는다는 것을 말함.

오리무중 五里霧中

다섯 **오** 마을 **리** 안개 **무** 가운데 **중**

〖풀이〗 사방 오리가 안개 속에 있다는 뜻으로, 현재의 상태를 모르며 전망이나 방침이 도무지 서지 않아 갈피를 잡지 못하고 앞길이 아득함을 비유하는 말.

오사필의 吾事畢矣

나 **오** 일 **사** 마칠 **필** 어조사 **의**

〖풀이〗 나의 일은 끝났다는 뜻으로, 자신의 맡은 바 임무를 다 마쳤음을 강조하는 말.

오손공주 烏孫公主

까마귀 **오** 손자 **손** 공변될 **공** 공주 **주**

〖풀이〗 오손의 공주를 뜻하는 것으로, 정략 결혼의 희생이 된 슬픈 운명의 여인을 이르는 말.

오십보백보 五十步百步

다섯 오 열 십 걸음 보 일백 백 걸음 보

〖풀이〗 오십 보 도망친 사람이 백 보 도망친 사람을 비웃는다는 뜻으로, 정도의 차이는 있으나 본질적으론 마찬가지라는 말. 근소한 차이에 지나지 않는다는 말.

오우천월 吳牛喘月

오나라 오 소 우 헐떡일 천 달 월

〖풀이〗 오나라의 소(물소)는 달만 보아도 헐떡거린다는 뜻으로, 간이 작아 공연한 일에 먼저 겁부터 먹고 허둥거리는 사람을 비웃는 말.

오월동주 吳越同舟

오나라 오 월나라 월 함께 오 배 주

〖풀이〗 오나라와 월나라의 사람이 함께 배를 탄다는 뜻으로, 서로 사이가 나쁜 사이라도 필요한 경우에는 힘을 합해서 협력하게 됨을 이르는 말.

오일경조 五日京兆

다섯 **오** 날 **일** 서울 **경** 조짐 **조**

〖풀이〗 하던 일이 며칠 안 가서 끝장이 난다는 뜻으로, 옛날에는 관리의 임기가 곧 만료되는 것을 의미하는 것으로 오래 계속되지 못하는 일을 비유하여 이르는 말.

오합지졸 烏合之卒

까마귀 **오** 합할 **합** 갈 **지** 군사 **졸**

〖풀이〗 까마귀 떼처럼 질서가 없는 군대를 뜻하는 것으로, 갑자기 모여 훈련도 받지 않은 군대라는 의미로 어중이떠중이를 비유하는 말.

옥불탁불성기 玉不琢不成器

구슬 **옥** 아닐 **불** 쫄 **탁** 아닐 **불** 이룰 **성** 그릇 **기**

〖풀이〗 옥도 쪼지 않으면 그릇이 될 수 없다는 뜻으로, 천성이 뛰어난 사람이라도 학문이나 수양을 쌓지 않으면 훌륭한 인물이 될 수 없음을 비유하여 이르는 말.

옥석혼효 玉石混淆

구슬 **옥** 돌 **석** 섞을 **혼** 뒤섞일 **효**

〖풀이〗 옥과 돌이 한데 뒤섞여 있다는 뜻으로, 훌륭한 것과 쓸데없는 것, 착한 것과 악한 것, 좋은 것과 나쁜 것이 한데 섞여 있음을 비유하는 말.

옥상옥 屋上屋

집 **옥** 위 **상** 집 **옥**

〖풀이〗 지붕 위의 지붕이라는 뜻으로, 공연한 일이나 헛수고를 말함.

옥오지애 屋烏之愛

집 **옥** 까마귀 **오** 갈 **지** 사랑 **애**

〖풀이〗 사랑하는 사람이 사는 집 지붕 위의 까마귀까지 이쁘다는 뜻으로, 그 사람을 사랑하면 주변의 모든 것들도 사랑하게 된다는 말.

옥하가옥 屋下架屋

집 옥 아래 하 시렁 가 집 옥

〖풀이〗 지붕아래에 다시 지붕을 만든다는 뜻으로, 선인(先人)이 이루어 놓은 일을 후세 사람이 거듭하여 발전한 것이 조금도 없음을 이르는 말.

온고지신 溫故知新

익힐 온 옛 고 알 지 새로울 신

〖풀이〗 옛것을 익혀 새로운 것을 안다는 뜻으로, 오래 된 것을 토대로 새로운 지식과 도리를 발견한다는 말.

와룡봉추 臥龍鳳鄒

누울 와 용 룡 봉새 봉 나라이름 추

〖풀이〗 아직 때를 못 만나 누워 있는 용과 봉황의 새끼란 뜻으로, 뛰어난 능력을 가지고 있으면서 그 능력을 발휘할 기회를 얻지 못해 초야에 묻혀 살고 있는 큰 인물이나 영웅을 말함.

와신상담 臥薪嘗膽

누울 **와** 땔나무 **신** 맛볼 **상** 쓸개 **담**

〖풀이〗 땔나무 위에 누워 쓸개를 맛본다는 뜻으로, 원수를 갚으려고 괴로움과 어려움을 참고 견디거나 큰 뜻을 이루기 위하여 온갖 고난을 참고 견디는 것을 이르는 말.

와우각상지쟁 蝸牛角上之爭

달팽이 **와** 소 **우** 뿔 **상** 위 **상** 갈 **지** 다툴 **쟁**

〖풀이〗 달팽이 뿔 위에서의 싸움이라는 뜻으로, 아주 사소하고 보잘것없는 일로 싸우는 것을 말함.

완낭수삽 阮囊羞澁

성 **완** 주머니 **낭** 부끄러울 **수** 어려울 **삽**

〖풀이〗 완씨의 주머니가 부끄럽다는 뜻으로, 살림이 아주 어려움을 비유하는 말.

완물상지 玩物喪志

장난할 **완** 물건 **물** 잃을 **상** 뜻 **지**

〖풀이〗 쓸데없는 물건을 가지고 노는데 정신이 팔려 소중한 자신의 본바탕을 잃어버린다는 뜻으로, 물질이나 오락 따위에 정신을 빼앗겨 원래 자신이 세운 큰 목표를 잃어버림을 이르는 말.

완벽 完璧

온전할 **완** 구슬 **벽**

〖풀이〗 티 없는 구슬이라는 뜻으로, 모자라거나 부족함이 없어 흠잡을 데가 없다는 말.

왕후장상 영유종호 王侯將相 寧有種乎

임금 **왕** 제후 **후** 장수 **장** 정승 **상** 어찌 **영** 있을 **유** 씨앗 **종** 어조사 **호**

〖풀이〗 왕・제후・장수・정승이 어찌 시가 있겠는가라는 뜻으로, 사람의 신분은 노력 여하에 따라 높게 될 수 있음을 말한다.

외수외미 畏首畏尾

두려워할 **외** 머리 **수** 두려워할 **외** 꼬리 **미**

〖풀이〗 머리와 꼬리를 두려워한다는 뜻으로, 못된 짓을 하고 나서 다른 사람이 알까봐 꺼리고 두려워함을 이르는 말.

요동지시 遼東之豕

나라이름 **요** 동녘 **동** 갈 **지** 돼지 **시**

〖풀이〗 요동 지방의 돼지라는 뜻으로, 견문이 좁고 어리석어서 자기 혼자 신기하게 여기나 다른 사람이 보기에는 이상할 것이 없음을 비유하는 말.

요령부득 要領不得

구할 **요** 옷깃 **령** 아닌가 **부** 얻을 **득**

〖풀이〗 요령을 얻지 못한다는 뜻으로, 중요한 것을 얻지 못하고 빈 손으로 돌아온다는 말.

요목불생위 搖木不生危

구할 **요** 나무 **목** 아닐 **불** 날 **생** 위태할 **위**

〖풀이〗 현명한 사람은 정치가 안정되지 못하고 어지러운 나라에서는 벼슬을 하지 않는다는 말. 또한 충신일수록 나라가 어지러우면 그 지위나 생명이 더 위태로워짐을 비유하는 말.

요산요수 樂山樂水

좋아할 **요** 산 **산** 좋아할 **요** 물 **수**

〖풀이〗 산을 좋아하고 물을 좋아한다는 뜻으로, 슬기로운 사람은 물을 좋아하고 어진 사람은 산을 좋아한다는 말.

욕개미창 欲蓋彌彰

하려할 **욕** 덮을 **개** 더욱 **미** 드러날 **창**

〖풀이〗 덮을수록 더욱 드러난다는 뜻으로, 감출수록 더욱 더 드러난다는 말.

욕속부달 欲速不達

하려할 **욕** 빠를 **속** 아닌가 **부** 이를 **달**

〖풀이〗 빨리 서두르면 달성하지 못한다는 뜻으로, 너무 조급하게 서두르면 도리어 일을 그르침을 일컫는 말.

용두사미 龍頭蛇尾

용 **용** 머리 **두** 뱀 **사** 꼬리 **미**

〖풀이〗 용의 머리에 뱀의 꼬리라는 뜻으로, 시작은 요란하고 그럴듯하지만 끝에 가서는 일이 흐지부지 되는 것을 이르는 말.

용호상박 龍虎相搏

용 **용** 범 **호** 서로 **상** 칠 **박**

〖풀이〗 용과 호랑이가 서로 싸운다는 뜻으로, 두 사람의 강자가 서로 승패를 다투는 것을 말함.

우각괘서 牛角掛書

소우 뿔각 걸괘 책서

〖풀이〗 소뿔에 책을 건다는 뜻으로, 시간을 아껴서 열심히 책을 읽는 것을 비유하는 말.

우공이산 愚公移山

어리석을우 공변할공 옮길이 산산

〖풀이〗 우공이 산을 옮긴다는 뜻으로, 아무리 어려운 일도 굳센 의지를 가지고 노력한다면 결국 성공할 수 있다는 말.

우귀사신 牛鬼蛇神

소우 귀신귀 뱀사 귀신신

〖풀이〗 소모양의 귀신과 뱀 모양의 귀신이라는 뜻으로, 잡귀신 또는 불한당을 이르는 말.

우사풍생 遇事風生

만날 **우** 일 **사** 바람 **풍** 일어날 **생**

〖풀이〗 일을 만나고 바람을 일으킨다는 뜻으로, 원래는 젊은이들의 날카로운 기백을 가리켰으나 나중에 시비를 일으키기를 좋아함을 이르는 말로 변했다.

ㅇ

우이독경 牛耳讀經

소 **우** 귀 **이** 읽을 **독** 불경 **경**

〖풀이〗 쇠귀에 경 읽기라는 뜻으로, 어리석은 사람에게는 아무리 가르쳐도 깨닫지 못한다는 말.

우자일득 愚者一得

어리석을 **우** 놈 **자** 한 **일** 얻을 **득**

〖풀이〗 어리석은 사람일지라도 여러 일을 하거나 생각하다 보면 간혹 슬기로운 생각을 내놓는 수도 있다는 말.

우직지계　迂直之計

멀우 곧을직 갈지 꾀계

〖풀이〗 그냥 보기에는 멀리 돌아가고 있는 듯이 보이지만 실제로는 지름길이라는 뜻. 손자(孫子)의군쟁(軍爭)편에 나오는 말로, 짐짓 돌아가는 척하는 계책을 말한다.

우후죽순　雨後竹筍

비우 뒤후 대나무죽 죽순순

〖풀이〗 비 온 뒤에 솟는 죽순이라는 뜻으로, 어떤 일이 한때에 많이 일어남을 비유하는 말.

운용지묘재일심　運用之妙在一心

움직일운 쓸용 갈지 묘할묘 있을재 한일 마음심

〖풀이〗 운용의 오묘함은 마음속에 있다는 뜻으로, 때에 따라서 변하는 상황에 대처하는 것은 사람의 마음에 달려 있음을 이르는 말.

운종룡풍종호　雲從龍風從虎

구름 운 좇을 종 용 룡 바람 풍 좇을 종 범 호

〖풀이〗 용 가는데 구름 가고 범 가는데 바람 간다는 뜻으로, 마음에 맞는 사람끼리 서로 긴밀한 관계를 이르는 말.

운주유악　運籌帷幄

움직일 운 투오살 주 휘장 유 휘장 악

〖풀이〗 장막 안에서 산가지를 움직인다는 뜻으로, 둘러앉아서 전략 전술을 세운다는 말.

웅장여어　熊掌與魚

곰 웅 손바닥 장 더불 여 물고기 어

〖풀이〗 물고기도 얻고 싶고 곰 발바닥도 얻고 싶다는 뜻으로, 이것도 탐을 내고 저것도 탐을 내는 것을 이르는 말.

원교근공 遠交近攻

멀 **원** 사귈 **교** 가까울 **근** 칠 **공**

〖풀이〗 먼 나라와는 사귀고 가까운 나라는 공격한다는 뜻으로, 먼 나라와 항시 친하게 지내고 가까운 나라는 기회가 있는 대로 공격하는 것을 일컫는 말.

원목경침 圓木警枕

둥글 **원** 나무 **목** 경계할 **경** 베개 **침**

〖풀이〗 머리에 베면 구르도록 만든 목침이라는 뜻으로, 밤잠을 자지 않고 열심히 공부함을 비유한 말.

원수불구근화 遠水不救近火

멀 **원** 물 **수** 아닐 **불** 구원할 **구** 가까울 **근** 불 **화**

〖풀이〗 멀리 있는 물로 가까이에서 난 불을 끄지 못한다는 뜻으로, 아무리 도움이 되는 것이라도 멀리 떨어져 있으면 위급할 때 아무런 도움이 되지 않음을 이르는 말.

원입골수 怨入骨髓

원망할 **원** 들어갈 **입** 뼈 **골** 골수 **수**

〚풀이〛 원한이 뼈에 사무친다는 뜻으로, 상대방에 대한 원한이 마음 속 깊이 맺혀 잊을 수 없음을 이르는 말.

원청즉유청 源淸則流淸

근원 **원** 맑을 **청** 곧 **즉** 흐를 **유** 맑을 **청**

〚풀이〛 근원이 맑고 올바르면 말단까지도 맑고 깨끗하다는 뜻으로, 윗자리에 있는 사람이 몸가짐을 바로 하면 아랫사람의 몸가짐도 올바를 수 있다는 말.

원형이정 元亨利貞

으뜸 **원** 형통할 **형** 이로울 **리** 곧을 **정**

〚풀이〛 하늘이 갖추고 있는 원·형·이·정 네 가지 덕을 뜻함. 원은 착함이 성장하는 것, 형은 아름다운 것이 모인 것, 이는 의로움의 조화, 정은 사물의 근간으로 군자나 하늘이 갖추고 있는 네 가지 덕을 이르는 말.

월단평 月旦評

달**월** 아침**단** 품평**평**

〖풀이〗 인물에 대한 평을 뜻하는 것으로, 매달 초하룻날의 인물평을 말한다.

월조대포 越俎代庖

넘을**월** 도마**조** 대신할**대** 요리사**포**

〖풀이〗 자기의 직권을 벗어나서 남의 일을 대신한다는 뜻으로, 일을 적당한 사람에게 맡겨야 함을 일컫는 말.

월하빙인 月下氷人

달**월** 아래**하** 얼음**빙** 사람**인**

〖풀이〗 월하노인과 빙상인을 합한 뜻으로, 결혼 중매쟁이를 이르는 말.

위위구조 圍魏救趙

에워쌀 **위** 위나라 **위** 구원할 **구** 조나라 **조**

【풀이】 위나라를 에워싸서 조나라를 구원한다는 뜻으로, 제삼자가 상대의 허점을 공격하여 다른 사람을 구하는 것을 이르는 말.

위편삼절 韋編三絶

가죽 **위** 엮을 **편** 석 **삼** 끊을 **절**

【풀이】 공자가 주역을 즐겨 읽어 책의 가죽끈이 세 번이나 끊어졌다는 뜻으로, 독서에 힘씀을 이르는 말.

위학불가 자수가역 불능학의 謂學不暇 者雖暇亦 不能學矣

이를 **위** 배울 **학** 아닐 **불** 겨를 **가** 놈 **자** 비록 **수** 겨를 **가** 또 **역** 아닐 **불** 능할 **능** 배울 **학** 어조사 **의**

【풀이】 시간이 없어 공부할 시간이 없다고 말하는 사람은 설사 시간이 있더라도 공부를 하지 않는다는 말.

위호작창 爲虎作倡

위할 **위** 범 **호** 지을 **작** 창귀 **창**

〖풀이〗 호랑이에게 물려 죽은 사람이 귀신이 되어 호랑이를 도와 나쁜 짓을 한다는 뜻으로, 남의 앞잡이가 되어 나쁜 짓을 일삼는 사람이나 그런 행동을 비유하는 말.

유교무류 有敎無類

있을 **유** 가르칠 **교** 없을 **무** 종류 **류**

〖풀이〗 가르침은 있으나 종류는 없다는 뜻으로, 가르치는 사람은 배우고자 하는 사람이 의지만 있다면 신분이나 지위를 따지지 말고 가르쳐야 함을 이르는 말.

유능제강 柔能制剛

부드러울 **유** 능할 **능** 억제할 **제** 굳셀 **강**

〖풀이〗 부드러운 것이 능히 굳센 것을 이긴다는 뜻으로, 어떤 상황에 대처할 때 강한 힘으로 억누르는 것이 이기는 것 같지만 부드러움으로 대응하는 것에 당할 수는 없음을 이르는 말.

유무상생 有無相生

있을유 없을무 서로상 날생

〖풀이〗 있는 것과 없는 것을 적절히 교환해서 사용한다는 뜻으로, 서로 보완하고 빌려주는 것을 일컫는 말.

유붕자원방래 有朋自遠訪來

있을유 벗붕 스스로자 멀원 찾을방 올래

〖풀이〗 벗이 있어 멀리서 찾아온다는 뜻으로, 자기가 올바른 뜻을 가지고 있으면 그 뜻에 찬성하는 사람이 있어서 함께 하려고 찾아옴을 이르는 말.

유비무환 有備無患

있을유 갖출비 없을무 근심환

〖풀이〗 필요한 것을 갖추고 있으면 걱정할 것이 없다는 뜻으로, 우환을 대비하여 미리 준비를 갖추고 있으면 나중에 걱정할 일이 없다는 말.

유시무종 有始無終

있을**유** 처음**시** 없을**무** 끝날**종**

〖풀이〗 처음은 있되 끝이 없다는 뜻으로, 시작한 일의 끝을 맺음이 없음을 이르는 말.

유아독존 唯我獨尊

오직**유** 나**아** 홀로**독** 높을**존**

〖풀이〗 오직 나 하나 뿐이고 천지간에는 나에게 따를 사람이 없다는 뜻으로, 이 세상에서는 내가 제일이라고 자만함을 이르는 말.

유유상종 類類相從

무리**유** 무리**유** 서로**상** 쫓을**종**

〖풀이〗 같은 처지에 있는 사람끼리 서로 잘 어울린다는 뜻으로, 서로 비슷한 부류의 사람들끼리 어울려 지내는 것을 말한다.

유치인무치법 有治人無治法

있을**유** 다스릴**치** 사람**인** 없을**무** 다스릴**치** 법**법**

〖풀이〗 다스리는 사람이 있을 뿐 다스리는 법은 없다는 뜻으로, 세상을 옳고 바르게 다스리는 것은 사람의 힘에 의해서 되는 것이지 법이 다스리는 것은 아니라는 말.

윤형피면 尹邢避面

성**윤** 나라이름**형** 피할**피** 얼굴**면**

〖풀이〗 윤씨와 형씨가 얼굴을 피한다는 뜻으로, 서로 질투하거나 사이가 벌어진 후에 만나지 않음을 이르는 말.

은감불원 殷鑑不遠

은나라**은** 거울**감** 아닐**불** 멀**원**

〖풀이〗 은나라의 거울은 먼 곳에 있지 않다는 뜻으로, 남이 실패한 것을 거울삼아 자신의 교훈으로 삼는다는 말.

은거방언 隱居放言

숨을 **은** 살 **거** 놓을 **방** 말씀 **언**

〖풀이〗 은거하면서 자신의 생각을 글로 쓴다는 뜻으로, 세상을 피해 숨어 살면서 자신의 생각을 글로 나타냄을 이르는 말.

읍참마속 泣斬馬謖

울 **읍** 벨 **참** 말 **마** 일어날 **속**

〖풀이〗 울면서 마속의 목을 벤다는 뜻으로, 법의 공정성을 지키기 위해 사사로운 감정을 버린다는 말.

응대여류 應對如流

대답할 **응** 대답할 **대** 같을 **여** 흐를 **류**

〖풀이〗 남의 질문에 대답한다는 뜻으로, 남이 묻는 말에 물이 흐르듯이 대답한다는 말.

응성충 應聲蟲

구슬**응** 돌**석** 섞을**혼** 뒤섞일**효**

〖풀이〗 사람의 목구멍 속에 있어서 말하는 것을 흉내 내는 벌레를 뜻하며, 어떤 소견이 없이 남을 따라 행동하는 사람을 이르는 말.

응접불가 應接不暇

응할**응** 사귈**접** 아닐**불** 겨를**가**

〖풀이〗 일일이 응대하고 맞이할 틈이 없다는 뜻으로, 일이 계속 생겨 깊이 생각하고 정리할 시간이 없다는 것을 일컫는 말.

의마심원 意馬心猿

뜻**의** 말**마** 마음**심** 원숭이**원**

〖풀이〗 생각은 날뛰는 말과 같고 마음은 안절부절못하는 원숭이와 같다는 뜻으로, 불교에서 세속의 번뇌와 정욕 때문에 흐트러진 마음을 억누를 수 없음을 비유한 말.

의모물성 疑謨勿成

의심할 **의** 꾀할 **모** 없을 **물** 이룰 **성**

〖풀이〗 조금이라도 의심스러운 일은 이루어지지 않는다는 뜻으로, 일을 행할 때에는 계획을 잘 세워 행하라는 말.

의식족즉지영욕 衣食足則知榮辱

옷 **의** 먹을 **식** 발 **족** 곧 **즉** 알 **지** 영화 **영** 욕되게할 **욕**

〖풀이〗 의식이 넉넉해야 영예와 치욕을 안다는 뜻으로, 사람은 생활이 풍족해야 비로서 예의와 체면을 차릴 수 있다는 말.

의심생암귀 疑心生暗鬼

의심할 **의** 마음 **심** 낳을 **생** 어두울 **암** 귀신 **귀**

〖풀이〗 의심은 암귀를 낳는다는 뜻으로, 남을 의심하게 되면 평소에 아무렇지 않은 행동도 이상하게 보임을 이르는 말.

ㅇ

의양화호로 依樣畵葫蘆

의지할 **의** 모양 **양** 그릴 **화** 호리병박 **호** 갈대 **로**

〖풀이〗 조롱박을 보고 바가지를 그린다는 뜻으로, 순전히 모방할 뿐 독창성이 없음을 비유하는 말.

이공사석 李公射石

오얏 **이** 공변할 **공** 궁술 **사** 돌 **석**

〖풀이〗 정신을 하나로 집중을 하면 어떠한 돌조차도 꿰뚫을 수가 있다는 뜻으로, 불가능을 가능함으로 만들 수 있다는 말.

이도살삼사 二桃殺三士

두 **이** 복숭아 **도** 죽일 **살** 석 **삼** 선비 **사**

〖풀이〗 두 개의 복숭아로 세 명의 병사를 죽인다는 뜻으로, 교묘한 계략으로 상대를 죽이는 것에 대한 비유의 말.

이란투석 以卵投石

써 이 알 란 던질 투 돌 석

〖풀이〗 계란으로 바위를 친다는 뜻으로, 약한 것으로 강한 것을 이기려는 어리석음을 비유한 말.

이모취인 以貌取人

써 이 얼굴 모 취할 취 사람 인

〖풀이〗 얼굴만 보고 사람을 골라 쓴다는 뜻으로, 겉만 보고 판단하면 실수하기 쉬움을 이르는 말.

이목지신 移木之信

옮길 이 나무 목 갈 지 믿을 신

〖풀이〗 나무를 옮긴 것을 믿게 한다는 뜻으로, 위정자가 백성들의 믿음을 얻기 위해 애쓰는 태도를 비유하는 말.

이승양석 以升量石

써 이 되 승 헤아릴 양 돌 석

〖풀이〗 작은 되로 섬과 같은 큰 양을 한번에 잴 수 없듯이 좁은 소견으로 큰 인물의 넓은 마음을 헤아릴 수 없음을 비유하는 말.

이식위천 以食爲天

써 이 먹을 식 할 위 하늘 천

〖풀이〗 사람이 살아가는 데는 무엇보다도 먹는 것이 가장 중요하다는 말.

이신역물 以身役物

써 이 몸 신 부릴 역 만물 물

〖풀이〗 자기의 몸이 물욕에 사역된다는 뜻으로, 물욕에 마음이 움직여 그 욕망을 충족시키기 위해 몸을 일하게 한다는 말.

이심전심 以心傳心

써**이** 마음**심** 전할**전** 마음**심**

〖풀이〗 마음에서 마음으로 전한다는 뜻으로, 말이나 글이 아닌 오로지 마음으로 그 뜻을 전한다는 말.

이여반장 易如反掌

쉬울**이** 같을**여** 뒤집을**반** 손바닥**장**

〖풀이〗 손바닥 뒤집듯 쉽다는 뜻으로, 손바닥 뒤집듯이 일이 아주 쉬움을 이르는 말.

이용후생 利用厚生

이로울**이** 쓸**용** 두터울**후** 날**생**

〖풀이〗 백성이 사용하는 기구를 편리하게 하고 의식을 풍부하게 하여 생활을 윤택하게 한다는 말.

이인위경 以人爲鏡

써 이 사람 인 할 위 거울 경

〖풀이〗 사람으로서 거울을 삼는다는 뜻으로, 훌륭한 품행을 지닌 사람을 본받는다는 말.

이전투구 泥田鬪狗

진흙 이 밭 전 싸움 투 개 구

〖풀이〗 진흙 수렁에서 개가 싸운다는 뜻으로, 명분이 서지 않는 일로 몰골 사납게 싸우는 것을 말함.

이판사판 理判事判

이치 리 가를 판 섬길 사 가를 판

〖풀이〗 이판승과 사판승이라는 뜻으로, 사태가 막다른 곳에 다다라 더 이상 어쩔 수가 없는 상태에 이르렀을 때 자포자기하는 심정으로 결정을 내리는 것을 말한다.

이포역포　以暴易暴

써 **이** 사나울 **포** 바꿀 **역** 사나울 **포**

〖풀이〗 폭력을 폭력으로 다스린다는 뜻으로, 나라를 다스림에 있어 덕으로 하지 않고 힘으로 다스린다는 말.

이하부정관　李下不整冠

오얏 **이** 아래 **하** 아닐 **부** 가지런할 **정** 갓 **관**

〖풀이〗 자두나무 밑에서 관을 고쳐 쓰지 말라는 뜻으로, 남의 의심을 받을 일은 아예 하지 말라는 비유의 말.

이화구화　以火救火

써 **이** 불 **화** 구원할 **구** 불 **화**

〖풀이〗 불로써 불을 끈다는 뜻으로, 서로 방법이 달라 반대의 효과를 나타내는 것을 이르는 말.

익불사숙 弋不射宿

주살**익** 아닐**불** 쏠**사** 묵을**숙**

〖풀이〗 주살로 나는 새는 쏴도 잠자는 새는 쏘지 않는다는 뜻으로, 지나치게 잔인한 짓은 하지 않는다는 말. 생물의 씨를 말리는 그런 살생은 하지 않는다는 말.

익자삼요 益者三樂

유익할**익** 놈**자** 석**삼** 좋아할**요**

〖풀이〗 인생 삼요 가운데 예악(禮樂)을 적당히 좋아하고, 사람의 착함을 좋아하고, 착한 벗을 좋아하는 것을 말함.

익자삼우 益者三友

유익할**익** 놈**자** 석**삼** 벗**우**

〖풀이〗 사귀어 자기에게 유익한 세 벗. 곧 정직하고, 지식이 있고, 친구의 도리를 지키는 벗을 말함.

인과응보 因果應報

인연**인** 실과**과** 응할**응** 갚을**보**

〖풀이〗 좋은 원인에는 좋은 결과가 나오고, 나쁜 원인에는 나쁜 결과가 나오는 것처럼 사람이 저지르는 선악에는 반드시 거기에 상응하는 과보(果報)가 있다는 말.

인면수심 人面獸心

사람**인** 얼굴**면** 짐승**수** 마음**심**

〖풀이〗 얼굴은 사람의 모습을 하였으나 마음은 짐승과 같다는 뜻으로, 남의 은혜를 모르거나 마음이 몹시 흉악함을 이르는 말.

인불학불지도 人不學不知道

사람**인** 아닐**불** 배울**학** 아닐**불** 알**지** 길**도**

〖풀이〗 사람이 배우지 않으면 사람이 걸어 나가야 할 도를 알지 못한다는 말.

인사유명 人死留名

사람**인** 죽을**사** 머무를**유** 이름**명**

〖풀이〗 사람은 죽어도 이름은 남겨진다는 뜻으로, 그 삶이 헛되지 않으면 방명(芳名)은 길이 남는다는 말.

인산인해 人山人海

사람**인** 산**산** 사람**인** 바다**해**

〖풀이〗 산과 바다처럼 많은 사람이 모여 있는 상태를 이르는 말.

인생식자우환시 人生識字憂患始

사람**인** 날**생** 알**식** 글자**자** 근심할**우** 근심**환** 처음**시**

〖풀이〗 학문을 높게 쌓으면 시야가 넓어짐과 동시에 이치를 알게 되어 도리어 우환이 많아짐으로 차라리 무식한 편이 마음이 편하다는 말.

인생여조로 人生如朝露

사람 **인** 날 **생** 같을 **여** 아침 **조** 이슬 **로**

〖풀이〗 인생은 아침 이슬과 같다는 뜻으로, 사람이 사는 것은 아침에 잠깐 이슬이 맺혀 있다가 햇볕이 들면 금장 사라지는 이슬처럼 인생이란 덧없이 왔다 가는 것을 비유하는 말.

인생칠십고래희 人生七十古來稀

사람 **인** 날 **생** 일곱 **칠** 열 **십** 옛 **고** 올 **래** 성길 **희**

〖풀이〗 사람으로 일흔 살까지 살기가 예로부터 드문 일이라는 뜻.

인순고식 因循姑息

인연 **인** 좇을 **순** 잠깐 **고** 숨쉴 **식**

〖풀이〗 낡은 인습에서 벗어나지 못하고 눈앞의 평안만을 취한다는 말.

인유구구기비구구유신 人惟求舊器非求舊惟新

사람 인 생각할 유 구할 구 옛 구 그릇 기 아닐 비 구할 구 옛 구 생각할 유 새 신

〖풀이〗 사람은 오래 사귄 사람이 좋으나 그릇과 같은 물건은 새것이 좋다는 말.

인자무적 仁者無敵

어질 인 놈 자 없을 무 원수 적

〖풀이〗 어진 사람은 남을 사랑하고 인정을 베풀기 때문에 적이 생기지 않는다는 말. 맹자의 양혜왕편에 적국을 칠 때는 적국의 정치가 백성을 괴롭히고 있을때 쳐야 한다는 고사에서 유래함.

인자요산 仁者樂山

어질 인 놈 자 좋아할 요 산 산

〖풀이〗 어진 사람은 중후한 인격을 가지고 있기 때문에 좋은 경관을 지닌 산의 경치를 즐긴다는 말. 어지러운 세상에 살면서 명성이나 이득을 좇지 않고 진중하게 처신함을 비유한 말.

인재명호재피 人在名虎在皮

사람 **인** 있을 **재** 이름 **명** 범 **호** 있을 **재** 가죽 **피**

〖풀이〗 사람은 죽은 뒤에 이름을 남기고 호랑이는 죽어서 가죽을 남긴다는 말.

일각삼추 一刻三秋

한 **일** 새길 **각** 석 **삼** 가을 **추**

〖풀이〗 짧은 동안도 삼 년같이 길게 느껴진다는 뜻으로, 기다리는 마음이 매우 간절함을 이르는 말.

일거수일투족 一擧手一投足

한 **일** 들 **거** 손 **수** 한 **일** 던질 **투** 발 **족**

〖풀이〗 손을 한 번 들어올리고 한 번 발을 움직인다는 뜻으로, 사람이 하는 모든 동작이나 행동거지 하나하나를 가리키는 말.

일거양득 一擧兩得

한일 들거 두양 얻을득

〖풀이〗 한 가지 일로 두 가지 이익을 얻는다는 뜻으로, 어떤 일을 하는데 뜻하지 않게 부수적으로 얻어지는 이익을 일컫는 말.

일견여구식 一見如舊識

한일 볼견 같을여 옛구 알식

〖풀이〗 한번 보았을 뿐인데도 오래 전부터 사귄 친구처럼 마음이 통하고, 한번 이야기를 나누었을 뿐인데도 그 올바른 마음을 알 수 있는 것을 말함.

일구월심 日久月深

해일 오랠구 달월 깊을심

〖풀이〗 날이 오래고 달이 깊어 간다는 뜻으로, 세월이 흐를수록 바라는 마음이 더욱 간절해짐을 이르는 말.

일구이언 一口二言

한**일** 입**구** 두**이** 말씀**언**

〖풀이〗 한 입으로 두 말 한다는 뜻으로, 말을 이랬다 저랬다 함을 이르는 말.

일구지학 一丘之貉

한**일** 언덕**구** 갈**지** 오소리**학**

〖풀이〗 한 언덕에 사는 오소리라는 뜻으로, 그것이 그것 같아 차별하기가 어려운 같은 종류를 이르는 말.

일기당천 一騎當千

한**일** 말탈**기** 당할**당** 일천**천**

〖풀이〗 한 기병이 천 명의 적을 당할 정도로 힘이나 용기가 있는 것을 말함. 무예가 아주 뛰어남을 비유한 말.

일도양단 一刀兩斷

한**일** 칼**도** 두**양** 끊을**단**

【풀이】 단칼로 베어버리듯 어떤 일이 있을 경우 망설임 없이 단호한 태도로 해결하는 것을 말함.

일락천금 一諾千金

한**일** 승낙할**락** 일천**천** 쇠**금**

ㅇ

【풀이】 말 한마디가 천금과 같다는 뜻으로, 한 번 승낙한 말은 천금같으므로 약속을 중하게 여기라는 말.

일룡일사 一龍一蛇

한**일** 용**룡** 한**일** 뱀**사**

【풀이】 어떤 때는 용이 되어 하늘로 올라가고 어떤 때는 뱀이 되어 연못 속에 숨는다는 뜻으로, 태평한 시대에는 세상에 나와 활약하고 난세에는 은거하여 재능을 숨기고 그 시대에 잘 순응함을 이르는 말.

일립만배 一粒萬倍

한 **일** 쌀알 **립** 일만 **만** 곱 **배**

〖풀이〗 한 알의 곡식도 심으면 만 알이 된다는 뜻으로, 아주 적은 것도 쌓이면 많게 됨을 이르는 말.

일망타진 一網打盡

한 **일** 그물 **망** 칠 **타** 다될 **진**

〖풀이〗 그물을 한 번 쳐서 물고기를 다 잡는다는 뜻으로, 범인 등을 한꺼번에 다 잡거나 세력을 완전히 꺾어 버림을 말한다.

일모도원 日暮途遠

해 **일** 저물 **모** 길 **도** 멀 **원**

〖풀이〗 해는 저물었는데 아직 갈 길은 멀다는 뜻으로, 너무 늦어 뜻하는 일을 쉽게 달성할 수 없다는 것을 비유하는 말.

일벌백계 一罰百戒

한**일** 벌줄**벌** 일백**백** 경계할**계**

〖풀이〗 한 사람 또는 한 가지 죄과를 벌줌으로써 여러 사람의 경각심을 불러일으키는 것을 말함.

일부중휴 一傅衆咻

한**일** 스승**부** 무리**중** 지껄일**휴**

〖풀이〗 한 스승이 가르치는데 무리들이 방해한다는 뜻으로, 한 사람이 바른말을 할 때에 여러 사람들이 이를 방해함을 이르는 말.

일사천리 一瀉千里

한**일** 쏟을**사** 일천**천** 마을**리**

〖풀이〗 강물의 흐름이 단숨에 천 리밖에 다다른다는 뜻으로, 일이 거침없이 기세 좋게 진행됨을 이르는 말.

일소천금 一笑千金

한**일** 웃을**소** 일천**천** 쇠**금**

〖풀이〗 한번 웃음에 천금의 값어치가 있다는 뜻으로, 미인의 웃음을 얻기가 몹시 어려움을 비유하는 말.

일수백확 一樹百穫

한**일** 나무**수** 일백**백** 거둘**확**

〖풀이〗 나무 한 그루를 기르면 백 가지 수확이 있다는 뜻으로, 인재 한 사람을 길러내면 사회에 큰 이득이 있다는 말.

일신시담 一身是膽

한**일** 몸**신** 이**시** 쓸개**담**

〖풀이〗 하룻밤에 열 번 일어난다는 뜻으로, 환자를 정성스럽게 간호함을 이르는 말.

일어탁수 一魚濁水

한**일** 물고기**어** 흐릴**탁** 물**수**

〖풀이〗 한 마리의 물고기가 물을 흐리게 한다는 뜻으로, 한 사람의 잘못으로 여러 사람이 그 해를 입게 됨을 이르는 말.

일언거사 一言居士

한**일** 말씀**언** 살**거** 선비**사**

〖풀이〗 무슨 일이든지 한 마디씩 참견하지 않으면 마음이 놓이지 않는 사람을 이르는 말.

일엽장목 一葉障目

한**일** 잎**엽** 나라**장** 소리**목**

〖풀이〗 나라를 망칠 음악이라는 뜻으로, 세태와 풍속의 변화에 따라 유행이나 삶의 방식도 달라짐을 일컫는 말.

일엽지추 一葉知秋

한일 잎엽 알지 가을추

〖풀이〗 오동잎 한 잎 떨어지는 것을 보고 가을이 온 것을 안다는 뜻으로, 하찮은 조짐을 보고 앞으로 일어날 일을 미리 안다는 말.

일월무사조 日月無私照

해일 달월 없을무 사사로울사 비출조

〖풀이〗 해와 달은 만물을 공평하게 비춘다는 뜻으로, 은혜를 베풀 때는 사심이나 개인의 사정에 의하지 않고 공평하게 한다는 의미의 말.

일월서의세불아여 日月逝矣歲不我與

해일 달월 갈서 어조사의 해세 아닐불 나아 줄여

〖풀이〗 세월은 빠르게 지나가서 사람을 기다려 주지 않는다는 뜻.

일의대수 一衣帶水

한일 옷의 찰대 물수

〖풀이〗 한 줄기의 띠와 같은 좁은 냇물이나 강물을 뜻하는 것으로, 육지와 육지 사이에 흐르는 강을 가리킴.

일이관지 一以貫之

한일 써이 꿸관 갈지

〖풀이〗 하나로 꿰었다라는 뜻으로, 하나의 이치로써 모든 것을 꿰뚫었다는 말.

일인지검즉일가부 一人知儉則一家富

한일 사람인 알지 검소할검 곧즉 한일 집가 가멸부

〖풀이〗 한 집안에 근검절약하는 사람이 한 사람이라도 있으면 그 집안은 부유해진다는 말.

일일지계우신　一日之計于晨

한**일** 해**일** 갈**지** 세울**계** 어조사**우** 새벽**신**

〖풀이〗 하루의 일은 아침에 계획을 세워야 한다는 뜻으로, 일은 시작이 중요하다는 말.

일장춘몽　一場春夢

한**일** 마당**장** 봄**춘** 꿈**몽**

〖풀이〗 봄날 밤에 꾸는 덧없는 꿈이란 뜻으로, 헛된 영화나 인생의 덧없음을 비유한 말.

일자천금　一字千金

한**일** 글자**자** 일천**천** 쇠**금**

〖풀이〗 한 글자라도 고치면 상으로 천금을 내린다는 뜻으로, 글씨나 시가 뛰어나거나 가치가 큰 것을 비유하는 말.

ㅇ

일전불치 一錢不値

한**일** 돈**전** 아닐**불** 값어치**치**

【풀이】 한 푼어치도 안된다는 뜻으로, 아무데에도 쓸모가 없음을 이르는 말.

일지반해 一知半解

한**일** 알**지** 반**반** 풀**해**

【풀이】 하나쯤 알고 반쯤 깨닫는다는 뜻으로, 수박 겉핥기식으로 익힌 어설픈 지식을 말함.

일진일퇴 一進一退

한**일** 나아갈**진** 한**일** 물러날**퇴**

【풀이】 한번 나아갔다 한번 물러섰다 한다는 뜻으로, 정세나 증세 따위가 좋아졌다 나빠졌다 한다는 말.

일촉즉발 一觸卽發

한**일** 닿을**촉** 곧**즉** 필**발**

〖풀이〗 조금만 닿아도 곧 폭발한다는 뜻으로, 아주 하찮은 원인으로도 크게 터질 듯한 아슬아슬한 긴장 상태를 이르는 말.

일촌광음불가경 一寸光陰不可輕

한**일** 치**촌** 빛**광** 음기**음** 아닐**불** 옳을**가** 가벼울**경**

〖풀이〗 아주 짧은 시간이라도 헛되이 보내지 말라는 뜻.

일패도지 一敗塗地

한**일** 깨뜨릴**패** 진흙**도** 땅**지**

〖풀이〗 한 번 패하여 다시 일어설 수 없게 된다는 뜻으로, 다시 일어설 수 없을 정도로 철저하게 패배함을 이르는 말.

일폭십한 一曝十寒

한**일** 난폭할**폭** 열**십** 추울**한**

〖풀이〗 아무리 잘 자라는 초목이라도 하루 볕에 쪼이고 열흘이나 응달에 두면 자라지 못한다는 뜻으로, 학문에 힘쓰는 것보다 게으름 피우는 날이 더 많음을 비유하는 말.

일필휘지 一筆揮之

한**일** 붓**필** 휘두를**휘** 갈**지**

〖풀이〗 글씨를 단숨에 힘차고 시원하게 죽 써내려 가는 것을 말함.

임갈굴정 臨渴掘井

임할**임** 목마를**갈** 팔**굴** 우물**정**

〖풀이〗 목마른 뒤에야 우물을 판다는 뜻으로, 준비없이 갑자기 일을 당하여 허둥지둥하는 태도를 말함.

임기응변 臨機應變

임할 **임** 틀 **기** 응할 **응** 변할 **변**

〖풀이〗 그때그때 형편에 따라 적당히 처리한다는 뜻으로, 일의 상태를 보고 그때그때의 변화에 따라 적절하게 대처하는 것을 말한다.

임진역장 臨陣易將

임할 **임** 진칠 **진** 바꿀 **역** 장수 **장**

〖풀이〗 싸움터에서 장수를 바꾼다는 뜻으로, 실제로 일할 때가 되어 익숙한 사람을 버리고 서투른 사람으로 바꿔 씀을 비유한 말.

입경문금 入境問禁

들어갈 **입** 지경 **경** 물을 **문** 금지할 **금**

〖풀이〗 남의 나라에 들어가면 그 나라에서 금하는 것부터 알아내어 조심하라는 말.

입산기호 入山忌虎

들어갈 입 산 산 꺼릴 기 범 호

〖풀이〗 범을 잡으려고 산에 들어간 포수가 범을 꺼려 한다는 뜻으로, 피할 수 없는 일을 피하려 한다는 말.

입석시 立石矢

설 입 돌 석 화살 시

〖풀이〗 화살이 서 있는 돌을 꿰뚫는다는 뜻으로, 정신을 한 곳으로 모으면 평소에 할 수 없던 일까지도 해냄을 이르는 말.

입화습률 入火拾栗

들어갈 입 불 화 주을 습 밤 률

〖풀이〗 불 속에 들어가 밤을 줍는다는 뜻으로, 작은 이익을 위하여 큰 모험을 무릅쓰는 어리석은 행동을 이르는 말.

자가당착 自家撞着

스스로 **자** 집 **가** 부딪칠 **당** 붙을 **착**

〖풀이〗 자기가 한 말이나 글의 앞뒤가 서로 어긋나고 모순된다는 말.

자강불식 自强不息

스스로 **자** 굳셀 **강** 아닐 **불** 숨쉴 **식**

〖풀이〗 스스로 노력하고 쉬지 않는다는 뜻으로, 자기의 수양을 위해서 게으르지 않은 것을 말함.

자격지심 自激之心

스스로 **자** 부딪칠 **격** 갈 **지** 마음 **심**

〖풀이〗 자기가 한 일에 대하여 자기 스스로 미흡하게 여기는 마음을 말함.

자두연두기 煮豆燃豆萁

삶을 **자** 콩 **두** 태울 **연** 콩 **두** 콩깍지 **기**

〖풀이〗 콩을 삶는 데 콩깍지를 태운다는 뜻으로, 형제가 서로 다투어 괴롭히고 죽이려 함을 비유하는 말.

자린고비 玼吝考妣

옥티 **자** 인색할 **린** 상고할 **고** 죽은어미 **비**

〖풀이〗 아주 인색하고 비정한 사람을 꼬집어 비유하여 이르는 말.

자멸지계 自滅之計

스스로 **자** 멸할 **멸** 갈 **지** 셈 **계**

〖풀이〗 잘 한다는 것이 되려 잘못되어 제 자신이 망하게 되는 꾀를 말함.

자모패자 慈母敗子

사랑할 **자** 어머니 **모** 깨뜨릴 **패** 아들 **자**

〖풀이〗 사랑이 지나친 어머니가 자식을 너무 감싸 기르면 그 자식은 큰 인물이 될 수 없다는 뜻으로, 애정도 지나치면 자식을 키우는데 해가 된다는 말.

자수삭발 自手削髮

스스로 **자** 손 **수** 깎을 **삭** 머리카락 **발**

〖풀이〗 스스로 머리를 깎는다는 뜻으로, 하기 어려운 일을 남의 도움을 받지 않고 제 힘으로 혼자 행한다는 말.

자수성가 自手成家

스스로자 손수 이룰성 집가

〖풀이〗 물려받은 재산이 없이 자기 혼자의 노력으로 일어나 성공한 것을 이르는 말.

자승자강 自勝者强

스스로자 이길승 놈자 굳셀강

〖풀이〗 진정한 강자는 자신을 이기는 자라는 뜻으로, 사람은 게으르고 온갖 욕망에 사로잡히기 쉬우나 그런 것들을 물리치고 이겨내야만 비로서 강한 자가 된다는 말.

자승자박 自繩自縛

스스로자 줄승 스스로자 묶을박

〖풀이〗 제 포승으로 제 몸을 묶는다는 뜻으로, 자신이 한 말이나 행동 때문에 자기 자신이 구속되어 괴로움을 당하게 된다는 말.

자아작고 自我作古

스스로자 나아 지을작 옛고

〖풀이〗 낡은 관습이나 습관에 얽매이지 않고 새로운 방식이나 제도를 만들어 내는 것을 말함.

자업자득 自業自得

스스로자 일업 스스로자 얻을득

〖풀이〗 스스로 일을 벌여 얻는다는 뜻으로, 자신이 저지른 일의 결과는 자신이 책임을 진다는 말.

자연도태 自然淘汰

스스로자 사를연 씻을도 미끄러질태

〖풀이〗 시대의 흐름에 따라가지 못하는 것은 저절로 없어지고 만다는 것을 비유하여 이르는 말.

자위부은 子爲父隱

아들 **자** 할 **위** 아버지 **부** 숨길 **은**

〖풀이〗 부자간의 애정을 뜻하는 것으로, 아버지는 자식의 잘못을 감싸고 자식은 아버지의 잘못을 감싸는 것을 말함.

자중지난 自中之亂

스스로 **자** 가운데 **중** 갈 **지** 어지러울 **난**

〖풀이〗 자기네 한 동아리 속에서 일어나는 싸움질을 말함.

자초지종 自初至終

스스로 **자** 처음 **초** 이를 **지** 마침 **종**

〖풀이〗 처음부터 끝까지의 동안, 또는 처음부터 끝까지의 과정을 뜻함.

자포자기 自暴自棄

스스로 **자** 거칠 **포** 스스로 **자** 버릴 **기**

〚풀이〛 스스로 자신을 해치거나 내버린다는 뜻으로, 절망 상태에서 아무런 기대도 걸지 않고 자신이나 일을 내버려두고 돌아보지 않음을 이르는 말.

자피생충 自皮生蟲

스스로 **자** 가죽 **피** 날 **생** 벌레 **충**

〚풀이〛 가죽에 좀이 나서 먹으면 마침내는 다 없어지고 이에 따라 좀도 살 수 없게 된다는 뜻으로, 형제나 한 집안끼리의 싸움을 비유한 말.

자현자불명 自見者不明

스스로 **자** 나타날 **현** 놈 **자** 아닐 **불** 밝을 **명**

〚풀이〛 자신을 세상에 드러내고자 과시하는 사람은 오히려 세상에 드러나지 않는 법이다. 진정으로 현명한 사람은 자신의 능력을 과신하지 않고 겸허한 태도로 살아간다는 말.

자형화 紫荊花

자줏빛 **자** 모형 **형** 꽃 **화**

〖풀이〗 박태기나무의 꽃을 뜻하며, 형제 사이의 우애를 비유하는 말.

자화자찬 自畫自讚

스스로 **자** 그림 **화** 스스로 **자** 도울 **찬**

〖풀이〗 자기가 그린 그림을 자기 스스로 칭찬한다는 뜻으로, 자기가 한 일을 자기 스스로 자랑하는 것을 말함.

작사도방 作舍道傍

지을 **작** 집 **사** 길 **도** 곁 **방**

〖풀이〗 길가에 집을 짓는데 오고가는 사람들의 의견이 서로 달라서 주인의 마음이 흔들려 쉽게 집을 짓지 못한다는 뜻으로, 무슨 일에 의견이 많아 결정치 못함을 이르는 말.

작수성례 酌水成禮

따를 **작** 물 **수** 이룰 **성** 예절 **례**

〖풀이〗 물을 떠놓고 혼례를 치른다는 뜻으로, 가난한 집안에서 구차하게 혼례를 치르는 것을 말함.

작심삼일 作心三日

지을 **작** 마음 **심** 석 **삼** 날 **일**

〖풀이〗 일시적인 느낌으로 작정한 마음이 오래가지 못한다는 말.

잔두지련 棧豆之戀

창고 **잔** 콩 **두** 갈 **지** 그리워할 **련**

〖풀이〗 조금 남은 콩을 욕심내어 말이 외양간을 떠나지 못한다는 뜻으로, 보잘것 없는 작은 이익을 잊지 못하고 연연하는 모양을 비유한 말.

장경오훼 長頸烏喙

길**장** 목**경** 까마귀**오** 부리**훼**

〖풀이〗 긴 목에 까마귀 부리처럼 뾰족한 입이라는 뜻으로, 일을 모두 이루고 난 뒤 동지를 버리는 것을 비유하는 말.

장립대령 長立待令

길**장** 설**립** 기다릴**대** 영내릴**령**

〖풀이〗 오래서서 분부를 기다린다는 뜻으로, 권문세가에 날마다 문아하여 어떠한 이익을 얻고자 아첨하는 사람을 조롱하는 말.

ㅈ

장삼이사 張三李四

베풀**장** 석**삼** 오얏**이** 넉**사**

〖풀이〗 장씨 집의 셋째 아들과 이씨 집의 넷째 아들이라는 뜻으로, 흔히 어디에나 있는 평범한 사람들을 이르는 말.

장수선무 다전선고 長袖善舞 多錢善賈

길**장** 소매**수** 착할**선** 춤출**무** 많을**다** 돈**전** 착할**선** 장사**고**

〖풀이〗 소매가 길면 춤추기가 수월하고 재물이 많으면 장사를 잘 한다는 뜻으로, 조건이 좋은 사람이 성공하기도 쉽다는 말.

장중득실 場中得失

마당**장** 가운데**중** 얻을**득** 잃을**실**

〖풀이〗 과거에서는 잘하는 사람도 낙방을 하고 못하는 사람도 급제하는 수가 있듯이 일이 생각하는 바와 같이 잘 이루어지지 않는다는 말.

장중보옥 掌中寶玉

손바닥**장** 가운데**중** 보배**보** 옥**옥**

〖풀이〗 손 안에 든 보배로운 옥이라는 뜻으로, 가장 사랑스럽고 소중한 것을 이르는 말.

장창소인 藏倉小人

감출 **장** 곡식창고 **창** 작을 **소** 사람 **인**

〖풀이〗 남을 헐뜯는다는 뜻으로, 남을 헐뜯기 좋아하는 소인배를 이르는 말.

재덕부재험 在德不在險

있을 **재** 덕 **덕** 아닐 **부** 있을 **재** 험할 **험**

〖풀이〗 덕에 있는 것이지 험준한 데 있는 것은 아니다라는 뜻으로, 나라의 안전과 백성의 단결은 임금과 위정자들의 덕에 달려 있는 것이지, 국경의 지리가 험하다고 해서 지켜지는 것은 아니라는 말.

ㅈ

저수하심 低首下心

머리숙일 **저** 머리 **수** 아래 **하** 마음 **심**

〖풀이〗 머리를 숙이고 자신을 낮춘다는 뜻으로, 남에게 머리를 숙여 복종하는 것을 비유하는 말.

적반하장 賊反荷杖

도둑**적** 되받을**반** 연**하** 지팡이**장**

〖풀이〗 도둑이 도리어 매를 든다는 뜻으로, 잘못한 사람이 도리어 화를 내며 억지를 쓴다는 말.

적선여경 積善餘慶

쌓을**적** 착할**선** 남을**여** 경사**경**

〖풀이〗 착한 일을 하면 자기뿐 아니라 자손에게까지 좋은 일이 있으며, 악한 일을 하면 그 자손에게까지 좋지 않은 변고가 생긴다는 말로 착한 일을 하여야 함을 강조하여 씀.

적우침주 積雨沈舟

부피**적** 비**우** 가라앉을**침** 배**주**

〖풀이〗 새털처럼 가벼운 것이라도 많이 실으면 배를 가라앉힌다는 뜻으로, 여러 사람의 힘의 무서움을 이르는 말.

적부인지자 賊夫人之子

도둑 **적** 남편 **부** 사람 **인** 갈 **지** 아들 **자**

〖풀이〗 가르치는 방법을 잘 못하면 한창 자라나는 청소년을 망쳐 버리는 결과를 초래한다는 말.

전가통귀 錢可通鬼

돈 **전** 가할 **가** 통할 **통** 귀신 **귀**

〖풀이〗 돈은 귀신과 통한다는 뜻으로, 돈의 위력은 모든 일의 결과를 좌우하고 사람의 처지까지도 변하게 함을 이르는 말.

전거복철 前車覆轍

앞 **전** 수레 **거** 엎어질 **복** 바퀴자국 **철**

〖풀이〗 앞에 가던 수레가 엎어진 바퀴 자국이라는 뜻으로, 지난날의 실패를 교훈으로 삼아 다시는 실패하지 않도록 대비함을 이르는 말.

전광석화 電光石火

번개**전** 빛**광** 돌**석** 불**화**

〖풀이〗 '번개와 부싯돌의 불'이라는 뜻으로, 일이 매우 빠름을 이르는 말. 매우 신속한 동작을 말함.

전국옥새 傳國玉璽

전할**전** 나라**국** 구슬**옥** 도장**새**

〖풀이〗 임금을 상징하는 도장으로, 나라 안에서 대대로 전하는 옥으로 만든 도장을 말한다.

ㅈ

전무후무 제갈무후 前無後無 諸葛武侯

앞**전** 없을**무** 뒤**후** 없을**무** 모두**제** 칡**갈** 굳셀**무** 벼슬**후**

〖풀이〗 제갈공명은 오직 한 사람뿐이라는 뜻으로, 제갈공명의 뛰어난 재주는 그 누구든 따라갈 수가 없다는 말.

전문거호 후문진랑 前門据虎 後門進狼

앞전 문문 막을거 범호 뒤후 문문 나아갈진 이리랑

〖풀이〗 앞문의 호랑이를 막으니 뒷문으로 이리가 나온다는 뜻으로, 한쪽의 재앙을 피하니 또 다른 재앙이 오는 것을 비유하는 말.

전전긍긍 戰戰兢兢

싸울전 싸울전 삼갈긍 삼갈긍

〖풀이〗 무서워서 벌벌떤다는 뜻으로, 무섭고 두려워서 불안해하며 벌벌 떨면서 조심하는 모습을 비유하는 말.

전전반측 輾轉反側

구를전 구를전 돌이킬반 기울어질측

〖풀이〗 밤새도록 잠을 이루지 못하고 뒤척이는 모습을 뜻하며, 시름에 겨워 이리저리 뒤척이며 잠을 이루지 못함을 이르는 말.

전첨후고 前瞻後顧

앞 **전** 쳐다볼 **첨** 뒤 **후** 돌아볼 **고**

〖풀이〗 앞을 쳐다보고 뒤를 돌아본다는 뜻으로, 어떤 일을 당하여 용기를 내어 결단하지 못하고 두리번거리기만 한다는 말.

전화위복 轉禍爲福

옮길 **전** 재앙 **화** 위할 **위** 복 **복**

〖풀이〗 화가 바뀌어 복이 된다는 뜻으로, 사람의 인생살이란 나쁜 일과 좋은 일이 되풀이됨을 비유하는 말.

절각 折角

부러뜨릴 **절** 뿔 **각**

〖풀이〗 뿔을 부러뜨린다는 뜻으로, 기세를 누르거나 콧대를 납작하게 만드는 것을 이르는 말.

절세가인 絶世佳人

뛰어날 **절** 세상 **세** 아름다울 **가** 사람 **인**

〚풀이〛 이 세상에서는 비길 사람이 없을 만큼 빼어나게 아름다운 여자를 말함.

절족복속 折足覆餗

꺾을 **절** 발 **족** 엎어질 **복** 솥안음식 **속**

〚풀이〛 솥을 받히고 있는 발이 부러져 음식을 쏟는다는 뜻으로, 소인이 능력에 부치는 직책에 있으면 일을 망치기 쉽다는 말.

절차탁마 切瑳琢摩

끊을 **절** 갈 **차** 쪼을 **탁** 갈 **마**

〚풀이〛 뼈·상아·옥·돌 따위를 깎고 갈고 닦는다는 뜻으로, 사람이 어떤 일을 하면서 성과를 거두기 위해 학문과 수양에 온 힘을 다함을 일컫는 말.

절체절명 絶體絶命

끊어질 **절** 몸 **체** 끊어질 **절** 목숨 **명**

〖풀이〗 궁지에 몰려 살아날 길이 없게 된 막다른 처지를 이르는 말.

절함 折檻

끊을 **절** 우리 **함**

〖풀이〗 난간을 부러뜨린다는 뜻으로, 진심에서 우러나오는 간곡한 충고를 말한다.

점입가경 漸入佳境

점점 **점** 들어갈 **입** 아름다울 **가** 지경 **경**

〖풀이〗 점차 들어갈수록 좋아진다는 뜻으로, 어떤 일이 시간이 지날수록 또는 점점 나아갈수록 좋아지는 것을 이르는 말.

정녀불경이부　貞女不更二夫

곧을**정** 여자**녀** 아닐**불** 고칠**경** 두**이** 남편**부**

〖풀이〗 절개가 곧은 여자는 남편이 죽은 뒤라도 다시 남편을 가지는 법이 없다는 뜻.

정문일침　頂門一鍼

이마**정** 문**문** 한**일** 바늘**침**

〖풀이〗 정수리에 침을 한 대 놓는다는 뜻으로, 남의 잘못을 급소를 찔러 훈계한다는 말.

정신일도　精神一到

정신**정** 귀신**신** 한**일** 이를**도**

〖풀이〗 정신을 한 곳에 기울이면 어떤 일이라도 이룰 수 있다는 말.

정저지와 井底之蛙

우물**정** 낮을**저** 갈**지** 개구리**와**

〖풀이〗 우물 안 개구리라는 뜻으로, 소견이 좁은 사람을 말함. 또는 견문이 좁은 경우에도 비유로 씀.

정중시성 井中視星

우물**정** 가운데**중** 볼**시** 별**성**

〖풀이〗 우물 속 하늘에서는 겨우 별 몇 개만 보이는 것처럼 사심에 빠지면 견해가 한편으로 치우치게 된다는 말.

정충보국 精忠報國

정성**정** 충성할**충** 대답할**보** 나라**국**

〖풀이〗 정성과 충성을 다해 나라에 보답한다는 뜻으로, 오직 한마음으로 국가에 충성한다는 말.

제갈동지 諸葛同知

모든 **제** 칡 **갈** 한가지 **동** 알 **지**

〖풀이〗 제가 스스로 가로되 동지라 한다는 뜻으로, 말과 행동이 건방지며 나잇살이나 먹고 터수도 넉넉하고 지체는 낮은 사람을 농으로 가리키는 말.

제세안민 濟世安民

건질 **제** 인간 **세** 안정할 **안** 백성 **민**

〖풀이〗 세상을 구제하고 백성을 편안히 한다는 말. 당태종의 이름 '세민(世民)'이 이 말에서 유래되었다고 한다.

제행무상 諸行無常

모든 **제** 다닐 **행** 없을 **무** 항상 **상**

〖풀이〗 우주만물은 항상 유전하여 잠시도 한 모양으로 머물지 않는다는 말.

조강지처 糟糠之妻

지게미 조 겨 강 갈 지 아내 처

〖풀이〗 지게미와 쌀겨를 먹고 고생한 아내를 뜻하는 것으로, 고생을 함께 한 아내는 부귀해졌다고 해서 함부로 대해서는 안됨을 이르는 말.

조기삼문덕 朝起三文德

아침 조 일어날 기 석 삼 글월 문 덕 덕

〖풀이〗 아침에 일찍 일어나면 남보다 더 활동할 수 있으므로 이득이 있다는 말.

조동모서 朝東暮西

아침 조 동녘 동 저물 모 서녘 서

〖풀이〗 아침에는 동쪽으로 저녁에는 서쪽이라는 뜻으로, 일정한 터전이 없이 이리저리 옮겨다님을 이르는 말.

조령모개 朝令暮改

아침 **조** 명령할 **령** 저녁 **모** 고칠 **개**

〖풀이〗 아침에 명령을 내렸다가 저녁에 다시 고친다는 늣으로, 정책이 제대로 정착되기도 전에 일관성 없이 뜯어고치는 한심한 작태를 이르는 말.

조명시리 朝名市利

아침 **조** 이름 **명** 저자 **시** 이로울 **리**

〖풀이〗 명예는 조정에서 다투고 이익은 시장에서 다툰다는 뜻으로, 무슨 일이든 적당한 장소에서 행함을 이르는 말.

ㅈ

조문도석사가의 朝聞道夕死可矣

아침 **조** 들을 **문** 길 **도** 저녁 **석** 죽을 **사** 옳을 **가** 어조사 **의**

〖풀이〗 아침에 진리를 깨달으면 그날 저녁에 죽어도 한이 없다는 뜻으로, 사람이 참된 이치를 듣고 깨달으면 당장 죽어도 한 될 것이 없으니 짧은 인생이라도 값있게 살아야 한다는 말.

조변석개 朝變夕改

아침 **조** 변할 **변** 저녁 **석** 고칠 **개**

〖풀이〗 아침 저녁으로 뜯어 고친다는 뜻으로, 계획이나 결정을 자주 고치는 것을 이르는 말.

조삼모사 朝三暮四

아침 **조** 석 **삼** 저녁 **모** 넉 **사**

〖풀이〗 아침에는 셋, 저녁에는 넷을 준다는 뜻으로, 간사한 꾀로 남을 속여 농락함을 이르는 말.

조승모문 朝蠅暮蚊

아침 **조** 파리 **승** 저물 **모** 모기 **문**

〖풀이〗 아침에는 파리가 몰려들고 저녁에는 모기가 몰려든다는 뜻으로, 소인배들이 들끓는다는 말.

조장 助長

도울 **조** 자랄 **장**

〖풀이〗 도와서 자라게 한다는 뜻으로, 억지로 힘을 무리하게 쓰는 것은 일을 그르치게 하므로 그 사물이나 사람에 맞게 도와 성장시킨다는 말.

조제모염 朝薺暮鹽

아침 **조** 냉이 **제** 저물 **모** 소금 **염**

〖풀이〗 아침엔 냉이나 물을 먹고 저녁엔 소금으로 반찬을 하여 먹는다는 뜻으로, 생활이 곤궁한 것을 이르는 말.

조족지혈 鳥足之血

새 **조** 발 **족** 갈 **지** 피 **혈**

〖풀이〗 '새발의 피'라는 뜻으로, 아주 적은 분량을 이르는 말.

족탈불급 足脫不及

발 족 벗을 탈 아닐 불 미칠 급

【풀이】 맨발로 뛰어도 미처 따라가지 못한다는 뜻으로, 능력·역량·재질 따위의 차이가 뚜렷함을 이르는 말.

종두득두 種豆得豆

심을 종 콩 두 얻을 득 콩 두

【풀이】 '콩 심은 데 콩 난다'라는 뜻으로, 원인에 따라 결과가 생긴다는 말.

종수일별 終須一別

마칠 종 반드시 수 한 일 떠날 별

【풀이】 결국은 한 번 이별하지 않을 수 없다는 뜻으로, 바로 이별하나 좀더 있다 이별하나 서운하기는 마찬가지라는 말.

좌고우면 左雇右眄

왼**좌** 새이름**고** 오른**우** 곁눈질할**면**

〖풀이〗 왼쪽을 돌아보고 오른쪽을 살핀다는 뜻으로, 이쪽저쪽 살피기만 하고 결단을 내리지 못함을 이르는 말.

좌단 左袒

왼**좌** 웃통벗을**단**

〖풀이〗 왼쪽 소매를 걷어 붙인다는 뜻으로, 무리가 모였을 때 어느 개인이 한쪽 편을 들어서 동의함을 이르는 말.

좌불수당 坐不垂堂

앉을**좌** 아닐**불** 드리울**수** 집**당**

〖풀이〗 마루 끝에 앉는 것은 위험하니 앉지 않는다는 뜻으로, 위험한 일에 가까이 하지 않음을 이르는 말.

좌불안석 坐不安席

앉을 **좌** 아닐 **불** 편안 **안** 자리 **석**

〖풀이〗 한 곳에 마음놓고 오래 앉아 있지를 못하고 불안해 하는 것을 말함.

좌정관천 坐井觀天

앉을 **좌** 우물 **정** 볼 **관** 하늘 **천**

〖풀이〗 우물에 앉아 하늘을 쳐다보고 하늘의 넓이가 그것밖에 안 되는 줄 안다는 뜻으로, 견문이 썩 좁음을 이르는 말.

좌천 左遷

왼 **좌** 옮길 **천**

〖풀이〗 벼슬자리가 지금보다 못한 데로 떨어짐을 이르는 말.

주경야독 晝耕夜讀

낮주 밭갈경 밤야 읽을독

〖풀이〗 낮에는 농사일을 하고 밤에는 글을 읽는다는 뜻으로, 바쁜 틈을 타서 책을 읽어 어렵게 공부함을 이르는 말.

주공삼태 周公三笞

두루주 공변될공 석삼 볼기칠태

〖풀이〗 주공의 세 차례 매질이라는 뜻으로, 자식들을 엄하게 교육시키는 것을 의미함.

주마가편 走馬加鞭

달릴주 말마 더할가 회초리편

〖풀이〗 달리는 말에 채찍을 친다는 뜻으로, 잘하는 사람을 더 잘하도록 격려함을 이르는 말.

주마간산 走馬看山

달릴 주 말 마 볼 간 산 산

〖풀이〗 말을 달리면서 산을 본다는 뜻으로, 급히 지나치면서 대충대충 보아 내용이 무엇인지 잘 모름을 비유한 말.

주어작청야어서청 晝語雀聽夜語鼠聽

낮 주 말씀 어 참새 작 들을 청 밤 야 말씀 어 쥐 서 들을 청

〖풀이〗 '낮말은 새가 듣고 밤말은 쥐가 듣는다' 라는 뜻으로, 항상 말을 조심하라는 말.

주유별장 酒有別腸

술 주 있을 유 나눌 별 창자 장

〖풀이〗 술을 마시는 사람은 장(腸)이 따로 있다는 뜻으로, 주량은 체구의 대소에 관계없음을 이르는 말.

주이불비 周而不比

두루 **주** 말이을 **이** 아닐 **불** 견줄 **비**

〖풀이〗 군자는 사람들을 널리 두루 사귀지만 자신의 이익을 위해서 결코 동아리를 만들지는 않는다는 뜻.

주지육림 酒池肉林

술 **주** 못 **지** 고기 **육** 수풀 **림**

〖풀이〗 술로 연못을 만들고 고기로 숲을 이룬다는 뜻으로, 굉장히 많은 술과 고기로 호화롭게 차린 술자리로 사치와 방탕에 빠짐을 일컫는 말.

주축일반 走逐一般

달릴 **주** 물리칠 **축** 한 **일** 나를 **반**

〖풀이〗 다 같이 나쁜 짓을 한 바에는 꾸짖는 사람이나 나무람을 받는 사람이나 옳지 않기는 마찬가지라는 말.

ㅈ

죽림칠현 竹林七賢

대죽 수풀림 일곱칠 어질현

〖풀이〗 대나무 숲에 묻혀 살던 일곱 현인을 뜻하며, 중국 위·진·남·북조 시대에 어지러운 세태에 환멸을 느끼고 청담(淸談)을 즐기며 유유자적하던 일곱 사람을 이르는 말.

죽마고우 竹馬故友

대죽 말마 옛고 벗우

〖풀이〗 어릴 때 같이 대나무로 만든 말을 타고 놀던 친구를 뜻하는 것으로, 어려서 함께 자란 친구를 이르는 말. 고향 친구.

준조절충 樽俎折衝

술그릇준 도마조 꺾을절 부딪칠충

〖풀이〗 술자리에서 부드러운 이야기로 적의 창끝을 꺾어 막는다는 뜻으로, 외교를 비롯하여 그 밖의 교섭에서 능란한 화술로 유리하게 흥정함을 이르는 말.

준족장판 駿足長阪

준마 **준** 발 **족** 긴 **장** 산비탈 **판**

【풀이】 준마가 험한 산을 단숨에 뛰어넘듯이 유능한 사람은 곤경에 처하면 자신의 재능을 유감없이 시험해 보려 한다는 말.

중과부적 衆寡不敵

무리 **중** 적을 **과** 아닐 **불** 대적할 **적**

【풀이】 적은 숫자로 많은 숫자를 대적할 수 없다는 뜻으로, 처음부터 차이가 커서 싸움의 상대가 되지 못함을 이르는 말.

중구난방 衆口難防

무리 **중** 입 **구** 어려울 **난** 막을 **방**

【풀이】 여러 사람의 입을 막기는 어렵다는 뜻으로, 여러 사람이 마구 떠들어대는 소리는 감당하기 어려우니 행동을 조심해야 한 다는 말.

중석몰촉 中石沒鏃

가운데 **중** 돌 **석** 가라앉을 **몰** 살촉 **촉**

〖풀이〗 쏜 화살이 돌에 깊이 박혔다는 뜻으로, 정신을 집중해서 전력을 다하면 어떤 일에도 성공할 수 있다는 말.

중심성성 衆心成城

무리 **중** 마음 **심** 이룰 **성** 성 **성**

〖풀이〗 여러 사람이 마음을 합하면 성도 만들 수 있다는 뜻으로, 사람이 단결하면 못 할 일이 없음을 비유하는 말.

중작풍부 重作馮婦

다시 **중** 지을 **작** 성 **풍** 아내 **부**

〖풀이〗 다시 시작한다는 뜻으로, 어떤 일을 그만두었다가 다시 시작하는 것을 비유하는 말.

중취독성 衆醉獨醒

무리 중 취할 취 홀로 독 깰 성

〖풀이〗 모두 취해 있는데 홀로 깨어 있다는 뜻으로, 세상의 모든 사람이 불의와 부정을 저지르고 있지만 혼자 깨끗한 삶을 산다는 말.

즉시일배주 卽時一杯酒

곧 즉 때 시 한 일 잔 배 술 주

〖풀이〗 눈앞에 있는 한 잔의 술이라는 뜻으로, 불확실한 내일의 백 가지보다 당장의 확실한 하나가 낫다는 말.

즉심시불 卽心是佛

곧 즉 마음 심 옳을 시 부처 불

〖풀이〗 내 마음이 곧 부처라는 뜻으로, 득도하면 마음이 곧 불심이기 때문에 내 마음을 떠나서는 부처가 없음을 이르는 말.

즐풍목우 櫛風沐雨

빗 **즐** 바람 **풍** 머리감을 **목** 비 **우**

【풀이】 부는 바람으로 머리를 빗고 내리는 비로 목욕을 한다는 뜻으로, 긴 세월을 객지로 떠돌며 갖은 고생을 다 함을 비유한 말.

증삼살인 曾參殺人

일찍 **증** 석 **삼** 죽일 **살** 사람 **인**

【풀이】 공자의 제자이자 효행으로 이름 높은 증삼이 사람을 죽였다는 뜻으로, 터무니없는 말이라도 여러 사람이 되풀이하면 사람들이 헛소문을 믿게 됨을 비유하는 말.

증이파의 甑已破矣

시루 **증** 이미 **이** 깨뜨릴 **파** 어조사 **의**

【풀이】 시루가 깨어졌으니 다시 본디대로 만들수는 없는 일이요, 일하다 잘못하여 아무리 후회하여도 이미 끝나 버린 일은 소용없다는 말.

증진부어 甑塵釜魚

시루**증** 티끌**진** 가마솥**부** 물고기**어**

〖풀이〗 가난하여 시루에 먼지가 쌓이고 솥 속에서 물고기가 헤엄친다는 뜻으로, 아주 가난함을 이르는 말.

지강급미 舐糠及米

핥을**지** 겨**강** 미칠**급** 쌀**미**

〖풀이〗 겨를 핥다가 쌀을 먹는다는 뜻으로, 좋지 못한 것에 맛을 들여서 차차 더 크게 나쁜 일을 함을 비유하는 말.

지독지애 舐犢之愛

핥을**지** 송아지**독** 갈**지** 사랑**애**

〖풀이〗 어미 소가 송아지를 핥아 주며 귀여워한다는 뜻으로, 어버이가 자식을 사랑하는 지극한 정을 비유한 말.

지동지서 指東指西

손가락 **지** 동녘 **동** 손가락 **지** 서녘 **서**

〖풀이〗 동쪽을 가리켰다가 서쪽을 가리켰다가 한다는 뜻으로, 근본에는 손을 못 대고 엉뚱한 것을 가지고 이러쿵저러쿵한다는 말.

지란옥수 芝蘭玉樹

지초 **지** 난초 **란** 옥 **옥** 세울 **수**

〖풀이〗 한 가문에서 많은 명사와 훌륭한 인물을 많이 배출하는 것을 말함.

지란지교 芝蘭芝交

지초 **지** 난초 **란** 지초 **지** 사귈 **교**

〖풀이〗 벗끼리 좋은 감화를 주고받으며 서로 이끌어 나가는 맑고도 고상한 사귐을 말함.

지록위마 指鹿爲馬

손가락 **지** 사슴 **록** 할 **위** 말 **마**

〖풀이〗 사슴을 가리키면서 말이라고 한다는 뜻으로, 윗사람을 농락하여 마음대로 휘두름을 비유하는 말.

지리멸렬 支離滅裂

지탱할 **지** 이별할 **리** 멸할 **멸** 찢을 **렬**

〖풀이〗 갈가리 흩어지고 찢기어 갈피를 잡을 수 없이 됨.

지만 持滿

지닐 **지** 찰 **만**

〖풀이〗 활을 당긴 채 화살을 쏘지 않고 있다는 뜻으로, 앞날의 큰일을 꾀하기 위하여 긴장을 풀지 않고 있음을 비유하는 말.

지사미타 至死靡他

이를**지** 죽을**사** 쓰러질**미** 남**타**

〖풀이〗 죽어도 마음이 변하지 않는다는 뜻으로, 한 사람에 대한 사랑이 변하지 않아 죽음이 닥치더라도 두 마음을 가지지 않는 것을 비유하는 말.

지상담병 紙上談兵

종이**지** 위**상** 말씀**담** 군사**병**

〖풀이〗 종이 위에서 병법을 말한다는 뜻으로, 이론에만 밝을 뿐 실제적인 지식은 없는 경우에 사용되는 말.

지성감천 至誠感天

이를**지** 정성**성** 마음불안할**감** 하늘**천**

〖풀이〗 정성을 다하면 하늘도 움직여 무슨 일이나 이룰 수 있다는 말.

ㅈ

지어농조 池魚籠鳥

못 지 물고기 어 새장 농 새 조

〖풀이〗 연못 속의 물고기와 새장 속의 새라는 뜻으로, 자유롭지 못함을 이르는 말.

지어지앙 池魚之殃

못 지 물고기 어 갈 지 재앙 앙

〖풀이〗 연못의 물로 불을 끄니 물이 줄어 물고기가 죽는다는 뜻으로, 엉뚱한 사람이 엉뚱한 재앙을 입는다는 말.

지자막약부 知者莫若父

알 지 놈 자 없을 막 같을 약 아버지 부

〖풀이〗 자식에 관한 일은 세상에서 그 아버지가 가장 잘 알고 있다는 말.

지자불언 知者不言

알지 놈자 아닐불 말씀언

〖풀이〗 지식이 있는 자는 지식을 마음속에 깊이 간직하고 함부로 지껄이지 않는다는 말.

지자요수 智者樂水

슬기지 놈자 좋아할요 물수

〖풀이〗 평소 슬기로운 사람은 물을 좋아한다는 말.

지족자부 知足者富

알지 발족 놈자 가멸부

〖풀이〗 비록 가난하기는 하나 현실에 만족을 할 줄 아는 사람은 정신적으론 아주 부자인 사람이라는 뜻.

지척불변 咫尺不辨

여덟치 **지** 자 **척** 아닐 **불** 판단할 **변**

〖풀이〗 지척을 분간할 수 없다는 뜻으로, 몹시 어둡거나 안개·비·눈 따위가 심하여 앞이 조금도 보이지 아니함을 비유하는 말.

지천석어 指天射魚

손가락 **지** 하늘 **천** 맞힐 **석** 물고기 **어**

〖풀이〗 하늘을 향해 물고기를 쏜다는 뜻으로, 무엇을 얻고자 할 때 그에 합당한 방법으로써 하지 않으면 아무 소용이 없다는 말.

지치득거 舐痔得車

핥을 **지** 똥구멍 **치** 얻을 **득** 수레 **거**

〖풀이〗 똥구멍을 핥아 수레를 얻는다는 뜻으로, 미천한 일을 하여 큰 이익을 얻는 것을 비유하는 말.

지피지기 知彼知己

알지 저피 알지 자기기

〖풀이〗 자기와 상대방을 정확히 알라는 뜻으로, 상대방 형편을 잘 알고 자기의 형편을 알라는 말.

직목선벌 直木先伐

곧을직 나무목 먼저선 칠벌

〖풀이〗 곧게 잘 생긴 나무가 먼저 베인다는 뜻으로, 재능이 많은 인재는 그만큼 많이 쓰임을 당해 일찍 쇠퇴함을 비유한 말.

직불보곡 直不輔曲

곧을직 아닐불 덧방나무보 굽을곡

〖풀이〗 정직한 사람은 악인을 돕지 않는다는 뜻으로, 현명한 사람은 정치가 어지러운 나라에서는 결코 벼슬하지 않음을 말함.

진적위산 塵積爲山

티끌 **진** 쌓을 **적** 할 **위** 산 **산**

〚풀이〛 먼지가 쌓여 산이 된다는 뜻으로, 작은 것이라도 오랫동안 쌓이고 모이면 큰 것이 된다는 말.

진퇴유곡 進退維谷

나아갈 **진** 물러날 **퇴** 오직 **유** 골 **곡**

〚풀이〛 나아갈 수도 물러설 수도 없이 궁지에 몰려 있다는 말.

질풍경초 疾風勁草

빠를 **질** 바람 **풍** 굳셀 **경** 풀 **초**

〚풀이〛 몹시 빠르고 세찬 바람에도 부러지지 않는 강한 풀을 뜻하는 것으로, 아무리 어려운 처지에서도 뜻을 꺾거나 굽히지 않는 굳센 기개를 가진 사람을 비유하는 말.

집대성 集大成

모일**집** 큰**대** 이룰**성**

〖풀이〗 모을 수 있는 자료는 모두 모아서 정리하는 것을 말함. 여기에서 '성'은 원래 음악용어로서 일정한 순서를 따라서 처음부터 끝까지 연주하는 것을 말함.

집열불탁 執熱不濯

잡을**집** 더울**열** 아닐**불** 씻을**탁**

〖풀이〗 뜨거운 물건을 쥔 자는 물로 손을 씻어 열을 식히지 않는다는 뜻으로, 적은 수고를 아껴서는 큰 일을 이루지 못함을 비유하는 말.

집우이 執牛耳

잡을**집** 소**우** 귀**이**

〖풀이〗 어떤 일에서 주도권을 잡는 것을 뜻함. 춘추시대의 제후가 동맹을 맺을 때 맹주가 소의 왼쪽 귀를 잘라내 다른 동맹자와 함께 그 피를 마셨다는 고사에서 유래된 말.

징갱취채 懲羹吹菜

혼날**징** 국**갱** 불**취** 나물**채**

〖풀이〗 뜨거운 국에 데어서 냉채를 후후 불어 먹는다는 뜻으로, 한 번 실패한 뒤 놀라서 모든 일에 지나치게 조심함을 비유한 말.

징전비후 懲前毖後

징계할**징** 앞**전** 삼갈**비** 뒤**후**

〖풀이〗 지난날을 징계하고 뒷날을 삼간다는 뜻으로, 이전에 저지른 잘못에서 교훈을 얻어 뒷날에는 일을 신중하게 처리함을 이르는 말.

차계기환 借鷄騎還

빌**차** 닭**계** 말탈**기** 돌아올**환**

〖풀이〗 닭을 빌려 타고 돌아간다는 뜻으로, 손님을 박대하는 것을 비꼬는 데 인용하는 말임.

차도살인 借刀殺人

빌**차** 칼**도** 죽일**살** 사람**인**

〖풀이〗 남의 칼을 빌어 사람을 죽인다는 뜻으로, 남의 힘으로 목적을 달성한다는 말.

차일피일 此日彼日

그칠**차** 해**일** 저**피** 해**일**

〖풀이〗 약속이나 기한 따위를 미적미적 미루는 모양을 말함.

차재두량 車載斗量

수레**차** 실을**재** 말**두** 헤아릴**량**

〖풀이〗 수레에 싣고 말로 잰다는 뜻으로, 아주 흔하거나 쓸모없는 평범한 것만이 많이 있다는 말.

차래지식 嗟來之食

탄식할**차** 올**래** 갈**지** 먹을**식**

〖풀이〗 푸대접으로 주는 음식을 뜻하며, 모욕적인 구제금이나 상금 따위를 일컫는 말.

착족무처 着足無處

붙을 **착** 발 **족** 없을 **무** 곳 **처**

〖풀이〗 발을 붙이고 설 땅이 없다는 뜻으로, 기반으로 삼고 일어설 곳이 없다는 말.

창업수성 創業守成

시작할 **창** 업 **업** 지킬 **수** 이룰 **성**

〖풀이〗 일을 시작하여 일으킨다는 뜻으로, 어떤 사업을 시작하여 성과를 잘 보전해 나간다는 말.

창업이수성난 創業易守成難

시작할 **창** 업 **업** 쉽게여길 **이** 지킬 **수** 이룰 **성** 어려울 **난**

〖풀이〗 업(業)을 이루기는 쉬우나 이를 지키는 것이 더 어렵다는 뜻으로, 일을 시작하기는 쉬우나 이룩한 일을 지켜나가는 것이 어렵다는 말.

창해상전 滄海桑田

큰바다 **창** 바다 **해** 뽕나무 **상** 밭 **전**

〖풀이〗 바다가 변해 뽕나무밭이 된다는 뜻으로, 세월이 흘러 세상이 크게 바뀐 것을 비유하는 말.

창해유주 滄海遺珠

큰바다 **창** 바다 **해** 버릴 **유** 진주 **주**

〖풀이〗 넓은 바다 속에 남아 있는 구슬이라는 뜻으로, 세상에 알려지지 않은 어진 이나 유용한 인재를 비유한 말.

창해일속 滄海一粟

큰바다 **창** 바다 **해** 한 **일** 조 **속**

〖풀이〗 망망한 바다 속의 좁쌀 한 알을 뜻하는 것으로, 지극히 미약하여 보잘것이 없다는 말.

채미가 采薇歌

캘채 고사리미 노래가

〖풀이〗 백이숙제가 수양산에 들어가 고사리를 캐먹으며 부른 노래를 뜻함.

채신지우 採薪之憂

딸채 섶신 갈지 근심우

〖풀이〗 병이 들어서 땔나무를 할 수 없다는 뜻으로, 자기의 병을 겸손하게 이르는 말.

척단촌장 尺短寸長

자척 짧을단 마디촌 길장

〖풀이〗 척은 촌에 비해 길지만 간혹 짧게 보일 때가 있고, 촌은 척보다 짧지만 간혹 길게 보일 때가 있다는 뜻으로, 긴 것도 때로는 나쁜 점이 있고, 짧은 것도 때로는 좋은 점이 있다는 말로, 어떤 사물이나 장점과 단점이 있음을 이르는 말.

척벽비보 尺壁非寶

자척 바람벽벽 아닐비 보배보

〖풀이〗 지름이 한 자나 되는 보물이라도 시간의 소중함에 비하면 아무 소용이 될 수 없다는 말.

천고마비 天高馬肥

하늘천 높을고 말마 살찔비

〖풀이〗 하늘이 높고 말이 살찐다는 뜻으로, 하늘이 맑고 오곡백과가 무르익는 아름답고 풍성한 가을을 상징하는 말.

천고청비 天高聽卑

하늘천 높을고 들을청 낮을비

〖풀이〗 하늘은 높은 곳에 있지만 하계(下界)의 말을 잘 들으며 옳고 그름을 엄정하게 잘 판단하여 보답 해 준다는 것을 말함.

천금매소 千金買笑

일천**천** 쇠**금** 살**매** 웃음**소**

【풀이】 천금을 주고 미소를 산다는 뜻으로, 비싼 대가를 치르고 얻은 사랑하는 여인에게서 미소를 짓게 하는 것을 말함.

천도시비 天道是非

하늘**천** 길**도** 옳을**시** 그를**비**

【풀이】 하늘의 뜻은 옳은가 그른가라는 뜻으로, 가장 공명정대하다고 여겨지는 하늘은 과연 바른 자의 편인가 아닌가하며 세상의 불공정을 한탄하고 하늘의 정당성을 의심하는 말.

천려일득 千慮一得

일천**천** 생각**려** 한**일** 얻을**득**

【풀이】 천 번 생각하면 한 번은 얻는 것이 있다는 뜻으로, 아무리 아둔한 사람이라도 많이 생각하다 보면 하나쯤은 좋은 생각을 해낼 수 있다는 말.

천려일실 千慮一失

일천**천** 생각할**려** 한**일** 잃을**실**

〖풀이〗 천 번의 생각에 한 번의 실수라는 뜻으로, 많이 생각하다 보면 실수할 수도 있다는 말.

천리마상유이백락불상유 千里馬常有而伯樂不常有

일천**천** 마을**리** 말**마** 항상**상** 있을**유** 말이을**이** 맏**백** 즐길**락** 아닐**불** 항상**상** 있을**유**

〖풀이〗 세상에 말의 능력을 잘 알아보는 백락이 있음으로써 비로서 천리나 달리는 명마라는 것이 있을 수 있다는 뜻으로, 아무리 재능이 있는 사람도 그 재능을 알아주는 사람이 없으면 재능을 다 펼칠 수 없다는 말.

ㅊ

천리안 千里眼

일천**천** 마을**리** 눈**안**

〖풀이〗 천리를 내다볼 수 있는 눈이라는 뜻으로, 먼 곳의 일까지도 미리 알 수 있는 능력이 있음을 이르는 말.

천리지행시어족하 千里之行始於足下

일천**천** 마을**리** 갈**지** 다닐**행** 처음**시** 어조사**어** 발**족** 아래**하**

〖풀이〗 어떠한 일도 첫발을 내딛는 것이 중요하다는 것을 말함.

천무이일 天無二日

하늘**천** 없을**무** 두**이** 해**일**

〖풀이〗 하늘에 해가 둘이 있을 수 없는 것처럼 한 나라에 왕이 둘이 있을 수가 없다는 뜻.

천방지축 天方地軸

하늘**천** 모**방** 땅**지** 굴비**축**

〖풀이〗 어리석은 사람이 종작없이 덤벙거리는 것을 말함. 방향을 잡지 못하고 허둥지둥 날뛰는 것을 말함.

천벽독서 穿壁讀書

뚫을 천 벽 벽 읽을 독 쓸 서

〖풀이〗 아주 가난함에도 불구하고 뜻을 세워 열심히 학업에 정진하는 것을 말함. 흔히 고학하는 것을 말함.

천양지차 天壤之差

하늘 천 부드러운흙 양 갈 지 어긋날 차

〖풀이〗 하늘과 땅처럼 큰 차이란 뜻으로, 서로 엄청나게 다른 것을 말함.

천의무봉 天衣無縫

하늘 천 옷 의 없을 무 꿰맬 봉

〖풀이〗 하늘나라 사람들의 옷은 솔기나 바느질한 흔적이 없다는 뜻으로, 시가(詩歌)나 문장이 자연스럽고 아름다우면서 완전무결함을 이르는 말.

천인공노 天人共怒

하늘**천** 사람**인** 함께**공** 성낼**노**

〖풀이〗 하늘과 사람이 함께 노한다는 뜻으로, 도저히 용납하지 못함을 이르는 말.

천인소지무병이사 千人所指無病而死

일천**천** 사람**인** 바**소** 손가락**지** 없을**무** 병**병** 말이을**이** 죽을**사**

〖풀이〗 많은 사람들에게 손가락질을 받으면 설사 병에 걸리지 않더라도 죽는다는 뜻으로, 남의 원한을 사는 일이 그만큼 무섭다는 것을 말함.

천장지구 天長地久

하늘**천** 길**장** 땅**지** 오랠**구**

〖풀이〗 하늘과 땅이 영원하듯이 사물이 오래 계속되는 것을 말함.

천재일우 千載一遇

일천**천** 이룰**재** 한**일** 만날**우**

〖풀이〗 천 년에 한 번 만난다는 뜻으로, 좀처럼 만나기 어려운 좋은 기회를 일컫는 말.

천정부지 天井不知

하늘**천** 우물**정** 아닐**불** 알**지**

〖풀이〗 천장을 모른다는 뜻으로, 물건값 따위가 자꾸 오르기만 함을 이르는 말.

천존지비 天尊地卑

하늘**천** 높을**존** 땅**지** 낮출**비**

〖풀이〗 하늘을 존중하고 땅을 천시한다는 뜻으로, 윗사람은 받들고 아랫사람은 천하게 여기는 것을 말함.

천편일률 千篇一律

일천**천** 책**편** 한**일** 법**률**

〖풀이〗 사물이 모두 판에 박은 듯이 비슷함을 이르는 말.

천학비재 淺學菲才

얕을**천** 배울**학** 엷을**비** 재주**재**

〖풀이〗 배운 바가 얕고 재주가 없다는 뜻으로, 자기의 학식을 겸손하게 이르는 말.

철두철미 徹頭徹尾

통할**철** 머리**두** 통할**철** 꼬리**미**

〖풀이〗 머리부터 꼬리까지 관통한다는 뜻으로, 처음부터 끝까지 초지일관으로 생각이나 방식을 철저하게 한다는 말.

철면피 鐵面皮

쇠**철** 얼굴**면** 가죽**피**

〖풀이〗 얼굴이 쇠가죽 같다는 뜻으로, 뻔뻔스럽고 염치를 모르는 사람을 조롱하여 이르는 말.

철부지급 轍鮒之急

바퀴자국**철** 붕어**부** 갈**지** 급할**급**

〖풀이〗 수레바퀴 자국 속의 괸 물에 있는 붕어를 뜻하는 것으로, 매우 위급한 경우에 처했거나 몹시 옹색하고 고단한 사람을 비유하는 말.

철석간장 鐵石肝腸

쇠**철** 돌**석** 마음**간** 마음**장**

〖풀이〗 쇠나 돌같이 굳고 단단한 마음이라는 뜻으로, 매우 단단한 지조를 가리키는 말.

철주 掣肘

당길 **철** 팔꿈치 **주**

〖풀이〗 팔꿈치를 잡아당긴다는 뜻으로, 남을 간섭하여 마음대로 못하게 훼방함을 이르는 말.

철중쟁쟁 鐵中錚錚

쇠 **철** 가운데 **중** 쇳소리 **쟁** 쇳소리 **쟁**

〖풀이〗 쇠가 맑게 울리는 소리를 뜻하며, 같은 또래 중에서 가장 뛰어난 사람을 이르는 말.

ㅊ

철환천하 轍環天下

바퀴자국 **철** 고리 **환** 하늘 **천** 아래 **하**

〖풀이〗 수레를 타고 천하를 돌아다닌다는 뜻으로, 공자가 여러 나라를 두루 다니며 교화하던 일을 이르는 말.

첨전고후 瞻前顧候

볼**첨** 앞**전** 생각할**고** 뒤**후**

〖풀이〗 앞뒤를 재어 보며 어물어물 한다는 뜻으로, 어떤 일을 하기 전에 이것저것 생각하면서 결단을 내리지 못하는 경우를 이르는 말.

청경우독 晴耕雨讀

갤**청** 갈**경** 비**우** 읽을**독**

〖풀이〗 맑은 날은 논밭을 갈고 비오는 날은 책을 읽는다는 뜻으로, 부지런히 일하며 여가를 헛되이 보내지 않고 공부하는 것을 말함.

청군입옹 請君入甕

청할**청** 임금**군** 들어갈**입** 항아리**항**

〖풀이〗 제가 놓은 덫에 제가 치인다는 뜻으로, 그가 사람을 해쳤던 방법 그대로 그 사람을 다스림을 이르는 말.

청담 清談

맑을 **청** 이야기 **담**

〖풀이〗 세상일을 버리고 산림에 은거하며 노장 철학을 노하던 일. 즉 명예와 이익을 떠나 오직 맑은 생활로 살아감을 이름.

청산유수 青山流水

푸를 **청** 산 **산** 흐를 **류** 물 **수**

〖풀이〗 말을 거침없이 잘하는 모양이나 그렇게 하는 말을 비유하여 이르는 말.

청운지지 青雲之志

푸를 **청** 구름 **운** 갈 **지** 뜻 **지**

〖풀이〗 푸른 구름과 같다는 뜻으로, 원대한 이상을 품고 이를 이루어 나가겠다는 의지를 비유하는 말.

청천백일 青天白日

푸를 **청** 하늘 **천** 흰 **백** 날 **일**

〖풀이〗 맑게 갠 하늘의 밝은 태양을 뜻하는 것으로, 누구나 인정하는 당연한 상황이나 일, 또는 억울한 죄가 밝혀져 무죄가 되는 것을 이르는 말.

청천벽력 青天霹靂

푸를 **청** 하늘 **천** 벼락 **벽** 벼락 **력**

〖풀이〗 맑게 갠 하늘에서 치는 벼락이라는 뜻으로, 전혀 예상치 못했던 일, 또는 뜻밖의 재난이나 큰 사고를 이르는 말.

청출어람 青出於藍

푸를 **청** 나갈 **출** 어조사 **어** 쪽 **람**

〖풀이〗 쪽풀에서 나온 푸른색이 쪽보다 더 푸르다는 뜻으로, 제자가 스승보다 뛰어나거나 뛰어난 제자를 평할 때 쓰는 말.

ㅊ

청탁병탄 清濁倂呑

맑을 **청** 흐릴 **탁** 아우를 **병** 삼킬 **탄**

〖풀이〗 특정의 가치관에 흔들리지 않고 있는 그대로를 자연스럽게 받아들이는 것으로 포용력이 큰 것을 말함.

청풍명월 淸風明月

맑을 **청** 바람 **풍** 밝을 **명** 달 **월**

〖풀이〗 맑은 바람과 밝은 달이라는 뜻으로, 풍자와 해학으로 세상사를 비판함을 이르는 말.

초록몽 蕉鹿夢

파초 **초** 사슴 **록** 꿈 **몽**

〖풀이〗 사람을 파초로 덮어 놓았다가 자기까지 속는다는 뜻으로, 사람이 세상을 살아가는 데 있어서 이로움과 해로움, 얻음과 잃음이 모두 다 부질없고 허무함을 이르는 말.

초동목수 樵童牧豎

땔나무 **초** 아이 **동** 기를 **목** 세울 **수**

〖풀이〗 나무를 하는 아이와 소를 먹이는 총각이라는 뜻으로, 배우지 못한 천한 사람을 이르는 말.

초록동색 草綠同色

풀 **초** 초록빛 **록** 같을 **동** 빛 **색**

〖풀이〗 풀빛과 녹색은 같다는 뜻으로, 이름은 달라도 성질이나 내용은 같다는 말.

초미지급 焦眉之急

탈 **초** 눈썹 **미** 갈 **지** 급할 **급**

〖풀이〗 눈썹이 탈 정도로 급한 지경을 뜻하는 것으로, 매우 급하고 위급한 상황을 이르는 말.

초요과시 迢篝愬胏

부를 **초** 흔들릴 **요** 지날 **과** 시장 **시**

〖풀이〗 허풍을 떨면서 남들의 시선을 집중시킨다는 뜻으로, 실력이 없으면서 헛소문과 허세로 떠벌려 사람들의 이목을 끄는 것을 비유하는 말.

초윤이우 礎潤而雨

주춧돌 **초** 젖을 **윤** 말이을 **이** 비 **우**

〖풀이〗 주춧돌이 축축해지면 비가 온다는 뜻으로, 원인이 있으면 반드시 그에 상응하는 결과가 있다는 것을 말함.

초인유궁 초인득지 楚人遺弓 楚人得之

초나라 **초** 사람 **인** 잃을 **유** 활 **궁** 초나라 **초** 사람 **인** 얻을 **득** 갈 **지**

〖풀이〗 초나라 사람이 잃어버린 활을 초나라 사람이 다시 줍는다는 뜻으로, 사람됨이 인색하거나 소견이 좁은 사람의 행동을 빗대어 이르는 말.

초지광자초언 楚之狂者楚言

초나라 **초** 갈 **지** 미칠 **광** 놈 **자** 초나라 **초** 말씀 **언**

〖풀이〗 자기 나라말은 태어나서부터 했기 때문에 몸에 배어 있어 잊어버리는 법이 없다는 뜻으로, 미친 자조차도 자기 나라말을 한다는 말.

촉견폐일 蜀犬吠日

나라이름 **촉** 개 **견** 짖을 **폐** 해 **일**

〖풀이〗 중국 촉나라는 산이 높고 안개가 짙어 해가 보이는 날이 적기 때문에 개들이 해를 보면 이상히 여겨 짖는다는 데서 나온 말로, 식견이 좁아 보통의 일을 보고도 놀라는 것이나 어진 자를 의식하고 비난하는 것을 가리키는 말.

촌지측연 寸指測淵

마디 **촌** 손가락 **지** 잴 **측** 못 **연**

〖풀이〗 한 치의 손가락으로 연못의 깊이를 재려 한다는 뜻으로, 실현 가능성이 없는 일을 하려고 하는 어리석음을 비유한 말.

촌진척퇴 寸進尺退

마디 **촌** 나아갈 **진** 자 **척** 물러날 **퇴**

【풀이】 앞으로 조금 나아가고 크게 물러난다는 뜻으로, 얻은 것은 적고 잃은 것은 많음을 비유한 말.

촌철살인 寸鐵殺人

마디 **촌** 쇠 **철** 죽일 **살** 사람 **인**

【풀이】 한 치도 못되는 쇠붙이로도 사람은 죽을 수 있다는 뜻으로, 간단한 말이나 글로도 남의 급소나 약점을 찌를 수 있음을 비유하는 말.

추기급인 推己及人

밀 **추** 몸 **기** 미칠 **급** 사람 **인**

【풀이】 자신의 처지를 미루어 다른 사람의 형편을 헤아린다는 뜻으로, 다른 사람과 입장을 바꿔 남의 처지를 헤아리는 태도를 비유하는 말.

추선 秋扇

가을추 부채선

〖풀이〗 가을 부채를 뜻하는 것으로, 사랑을 잃은 처지를 비유하는 말.

추우강남 追友江南

좇을추 벗우 강강 남녘남

〖풀이〗 친구따라 강남 간다는 뜻으로, 하기 싫어도 남이 하면 결국 따라 하게 됨을 이르는 말.

ㅊ

추적심치인복중 推赤心置人服中

밀추 붉을적 마음심 둘치 사람인 옷복 가운데중

〖풀이〗 자신이 남에게 성의를 다하고 있기 때문에 남도 똑같이 내게 성의를 다하고 있을 것이라는 믿음을 말함.

추처낭중 錐處囊中

송곳 **추** 곳 **처** 주머니 **낭** 가운데 **중**

〖풀이〗 주머니 속에 있는 송곳은 언젠가는 주머니 속을 뚫고 나온다는 뜻으로, 뛰어난 사람은 반드시 그 재능을 나타낼 기회가 온다는 말.

추풍낙엽 秋風落葉

가을 **추** 바람 **풍** 떨어질 **낙** 잎 **엽**

〖풀이〗 가을 바람에 우수수 떨어지는 낙엽이란 뜻으로, 세력 따위가 하루아침에 힘없이 떨어짐을 비유하는 말.

추호 秋毫

가을 **추** 가는털 **호**

〖풀이〗 가을이 되어 털갈이를 한 짐승의 가느다란 털이라는 뜻으로, 아주 미세한 것을 비유하는 말.

축객령 逐客令

쫓을 **축** 나그네 **객** 명령 **령**

【풀이】 나그네를 쫓아낸다는 뜻으로, 외국인을 미워하여 쫓아내는 것을 비유하는 말.

축록자불견산 逐鹿者不見山

쫓을 **축** 사슴 **록** 놈 **자** 아닐 **불** 볼 **견** 산 **산**

【풀이】 사슴을 쫓는 사람은 산을 보지 못한다는 뜻으로, 명예나 이익에 현혹된 사람은 눈앞의 위험을 돌보지 않고 또는 보지도 못한다는 말.

ㅊ

춘치자명 春雉自鳴

봄 **춘** 꿩 **치** 스스로 **자** 울 **명**

【풀이】 봄 꿩이 울음으로써 자기의 소재를 알리어 죽는다는 뜻으로, 제 스스로 발언하여 화를 자초한다는 말.

출만사이우일생 出萬死而遇一生

나갈 **출** 일만 **만** 죽을 **사** 말이을 **이** 만날 **우** 한 **일** 날 **생**

【풀이】 거의 죽음 직전에 놓일 정도의 위기를 간신히 벗어나 살아나는 것을 말함.

출이반이 出爾反爾

나갈 **출** 너 **이** 되돌릴 **반** 너 **이**

【풀이】 자기에게서 나온 것은 자기에게로 돌아온다는 뜻으로, 본인이 뿌린 씨는 본인이 거두어 들인다는 말.

출장입상 出將入相

나갈 **출** 장차 **장** 들어갈 **입** 서로 **상**

【풀이】 전쟁이 일어날 시에는 싸움터에 나가서 장군이 되고 평상시에는 재상이 되어 정치를 한다는 뜻으로, 문무를 겸비한 사람을 말함.

충신불사이군 忠臣不事二君

충성**충** 신하**신** 아닐**불** 일**사** 두**이** 임금**군**

【풀이】 충성스러운 신하는 두 사람의 임금을 섬기지 않는다는 말.

취모멱자 吹毛覓疵

불**취** 털**모** 찾을**멱** 흠**자**

【풀이】 머리카락을 입으로 불어 그 속의 하자를 찾는다는 뜻으로, 남의 조그만 잘못을 야박하고 가혹하게 악착같이 찾아낸다는 말.

ㅊ

취생몽사 醉生夢死

취할**취** 날**생** 꿈**몽** 죽을**사**

【풀이】 술에 취한 듯이 살다가 꿈을 꾸듯이 죽는다는 뜻으로, 아무 일도 하지 않고 흐리멍덩하게 한 평생을 살아감을 비유하여 이르는 말.

치망설존 齒亡舌存

이 **치** 망할 **망** 혀 **설** 있을 **존**

〖풀이〗 이는 빠져 없어져도 혀는 남아 있다는 뜻으로, 부드러운 것이 강한 것보다 오래도록 남는다는 것을 말함.

치이불망란 治而不忘亂

다스릴 **치** 말이을 **이** 아닐 **불** 잊을 **망** 어지러울 **란**

〖풀이〗 태평성대를 누리는 세상에서도 항상 전쟁이 일어날 것을 대비해 게을리 하지 않는 것을 말함.

치인설몽 痴人說夢

어리석을 **치** 사람 **인** 말씀 **설** 꿈 **몽**

〖풀이〗 어리석고 못생긴 사람이 꿈 이야기를 한다는 뜻으로, 앞뒤가 맞지 않는 허튼 소리를 지껄이는 것을 비유하는 말.

칠거지악 七去之惡

일곱칠 갈거 갈지 악할악

【풀이】 아내를 내쫓을 수 있는 일곱 가지의 죄악을 뜻하는 것으로, 불순구고(不順舅姑), 무자(無子), 음행(淫行), 질투, 악질(惡疾), 도절(盜竊)을 말함.

칠보지재 七步之才

일곱칠 걸음보 갈지 재주재

【풀이】 일곱 걸음을 옮기는 사이에 짓는 재주를 뜻하는 것으로, 매우 뛰어난 글재주를 이르는 말.

칠종칠금 七縱七擒

일곱칠 늘어질종 일곱칠 잡을금

【풀이】 제갈공명이 맹획을 일곱 번 사로잡고 일곱 번 놓아주었다는 옛일에서 유래된 말로 마음대로 잡았다 놓았다 하는 전술을 가리킨다.

침과대단 枕戈待旦

벨**침** 창**과** 기다릴**대** 아침**단**

【풀이】 창을 베고 자면서 아침이 되기를 기다린다는 뜻으로, 항상 싸울 준비를 갖추고 경계를 늦추지 않는 태도를 비유하는 말.

침소봉대 針小棒大

바늘**침** 작을**소** 몽둥이**봉** 큰**대**

【풀이】 바늘같이 작은 일을 몽둥이같이 크게 말한다는 뜻으로, 조그마한 일을 크게 과장하여 떠드는 것을 말함.

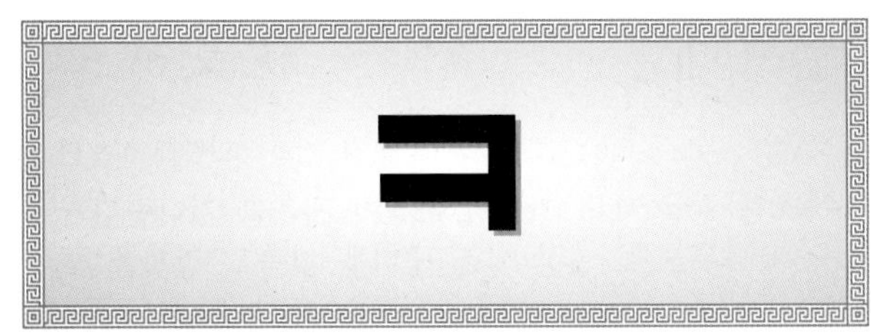

ㅋ

쾌도난마 快刀亂麻

쾌할 **쾌** 칼 **도** 어지러울 **난** 삼 **마**

〖풀이〗 잘 드는 칼로 엉클어진 실을 자른다는 뜻으로, 복잡하게 얽힌 일이나 말썽거리를 명쾌하게 정리하고 분석하는 것을 비유하는 말.

쾌독파차 快犢破車

쾌할 **쾌** 송아지 **독** 깨뜨릴 **파** 수레 **차**

〖풀이〗 팔팔한 송아지가 수레를 부순다는 뜻으로, 난폭한 소년은 장차 큰 인물이 될 가능성이 있음을 비유하는 말.

ㅌ

타면자건 唾面自乾

침타 얼굴면 스스로자 마를건

〖풀이〗 남이 내 얼굴에 침을 뱉어도 저절로 마를 때까지 기다린다는 뜻으로, 화나는 일이 있더라도 꾹 참으라는 말.

타산지석 他山之石

다를타 산산 갈지 돌석

〖풀이〗 다른 산에서 나온 거친 돌로도 옥을 간다는 뜻으로, 자기보다 못한 사람의 언행도 학문과 인격을 수행하는데 도움이 된다는 말.

타인한수 他人鼾睡

다를 **타** 사람 **인** 코고는소리 **한** 잠잘 **수**

【풀이】 다른 사람의 코고는 소리를 뜻하며, 다른 사람의 세력 옆에 있는 것은 참을 수 없다는 말.

타초경사 打草驚蛇

칠 **타** 풀 **초** 놀랄 **경** 뱀 **사**

【풀이】 풀을 쳐서 뱀을 놀라게 한다는 뜻으로, 일의 처리가 빠르지 못하고 행동이 가벼워서 남들이 경계심을 품게 함을 비유하는 말.

타향고지 他鄕故知

다를 **타** 고향 **향** 옛 **고** 알 **지**

【풀이】 외로운 타향에서 그리운 고향 친구를 만났다는 뜻으로, 큰 기쁨을 비유하는 말.

탁상공론 卓上空論

책상 탁 위 상 빌 공 논할 론

〖풀이〗 현실성이나 실천성이 없는 허황된 이론을 말함.

탄주지어 呑舟之魚

삼킬 탄 배 주 갈 지 물고기 어

〖풀이〗 배를 통째로 삼킬 만큼 큰 물고기란 뜻으로, 큰 인물을 비유한 말.

탄지지간 彈指之間

튀길 탄 손가락 지 갈 지 사이 간

〖풀이〗 손가락을 튀길 사이라는 뜻으로, 아주 짧은 시간을 이르는 말.

탄핵 彈劾

탄핵할 **탄** 캐물을 **핵**

〖풀이〗 죄상을 들추어 논란하여 꾸짖거나 그 책임을 추궁 한다는 말.

탐관오리 貪官汚吏

탐할 **탐** 벼슬 **관** 더러울 **오** 관리 **리**

〖풀이〗 탐욕이 많고 행실이 좋지 못한 관리를 이르는 말.

탐려득주 探驪得珠

찾을 **탐** 을 **려** 얻을 **득** 구슬 **주**

〖풀이〗 흑룡을 찾아 진주를 얻는다는 뜻으로, 글을 지을 때 그 핵심을 정확하게 밝히는 것을 비유하는 말.

탐부순재 貪夫徇財

탐할 **탐** 남편 **부** 주창할 **순** 재물 **재**

〖풀이〗 욕심이 많은 사람은 재물을 위해서라면 목숨까지도 버린다는 뜻으로, 재물을 위해서라면 목숨의 위험까지도 개의치 않는다는 말.

탐천지공 貪天之功

탐할 **탐** 하늘 **천** 갈 **지** 공 **공**

〖풀이〗 하늘의 공을 탐낸다는 뜻으로, 남의 공을 자기 것으로 하거나 남의 공을 도용함을 이르는 말.

태산북두 泰山北斗

클 **태** 산 **산** 북녘 **북** 별이름 **두**

〖풀이〗 태산과 북두칠성을 뜻하는 것으로, 학문과 덕이 고상하여 세상으로부터 존경을 받는 사람을 일컫는 말.

태산불사토양 泰山不辭土壤

클태 산산 아닐불 말사 흙토 흙양

【풀이】 태산은 흙을 사양하지 않는다는 뜻으로, 사소한 의견이나 인물을 수용할 수 있는 자만이 큰 인물이 될 수 있음을 비유하는 말.

태산압란 太山壓卵

클태 산산 누를압 알란

【풀이】 태산이 달걀을 누른다는 뜻으로, 매우 강하여 상대가 없을 경우에 쓰는 말로, 강자가 약자에 대해 압도적인 우세를 보이는 경우에 쓰인다.

태산퇴 양목괴 太山頹 梁木壞

클태 산산 무너질퇴 들보양 나무목 무너뜨릴괴

【풀이】 태산이 무너지고 들보를 무너뜨린다는 뜻으로, 한 시대의 스승이나 존경하는 인물의 죽음을 비유하는 말.

태산홍모 泰山鴻毛

클태 산산 큰기러기홍 털모

〖풀이〗 태산처럼 무겁기도 하고 큰기러기 털처럼 가볍기도 하다는 뜻으로, 사람에게는 어떻게 사느냐 하는 것보다 어떻게 죽느냐 하는 것이 더욱 중요할 때도 있음을 이르는 말.

태연자약 泰然自若

클태 그럴연 스스로자 같을약

〖풀이〗 마음에 충격을 당하여도 침착하고 여전히 천연스러움을 이르는 말.

태창제미 太倉梯米

클태 곳집창 사다리제 쌀미

〖풀이〗 넓은 바다의 물 한 방울에 비유한 것으로서 어마어마하게 넓은 곳의 지극히 작은 한 부분을 말함. 우주 안에서 인간의 하찮음을 말함.

토각귀모 兎角龜毛

토끼**토** 뿔**각** 거북**귀** 털**모**

〖풀이〗 토끼에 뿔이 나고 거북에 털이 났다는 뜻으로, 있을 수 없는 일을 비유한 말.

토붕와해 土崩瓦解

흙**토** 무너질**붕** 기와**와** 풀**해**

〖풀이〗 사물이 근본에서부터 무너져 있어 손을 어떻게 쓸 수 없을 만큼 혼란한 상태를 비유한 말.

토사구팽 兎死狗烹

토끼**토** 죽을**사** 개**구** 삶을**팽**

〖풀이〗 토끼가 잡혀 죽으면 사냥개는 삶아 먹힌다는 뜻으로, 쓸모 있을 때는 긴요하게 이용하다가 쓸모가 없어지면 헌신짝처럼 버린다는 말.

토영삼굴 兎營三窟

토끼 **토** 경영할 **영** 석 **삼** 굴 **굴**

〖풀이〗 토끼가 안전을 위해 굴 셋을 만든다는 뜻으로, 어떤 위기를 면하기 위하여 미리 몇 가지의 술책을 만들어 놓는다는 말.

토적성산 土積成山

흙 **토** 쌓을 **적** 이룰 **성** 산 **산**

〖풀이〗 아주 적은 흙이라도 쌓이고 쌓이면 커다란 산을 이룬다는 뜻으로, 작은 것을 쉽게 생각해서는 안 된다는 말. 또한 낭비를 경계한 밀이기도 함.

토포악발 吐哺握髮

토할 **토** 먹을 **포** 잡을 **악** 머리카락 **발**

〖풀이〗 중국의 주공이 식사 때나 목욕할 때 손님이 오면 먹던 것을 뱉고 감고 있던 머리카락을 거머쥐고 맞이했다는 고사에서 나온 말로, 잠시도 편안할 시간이 없음을 비유한 말.

E

통천지수 通天之數

통할**통** 하늘**천** 갈**지** 운수**수**

〖풀이〗 하늘에 통하는 운수라는 뜻으로, 더할 나위 없이 좋은 운수를 이르는 말.

퇴경정용 推輕釘聳

밀**퇴** 가벼울**경** 못**정** 솟을**용**

〖풀이〗 망치가 가벼우면 못이 도로 솟아 나온다는 뜻으로, 윗사람이 엄하게 다스리지 않으면 아랫사람이 말을 잘 듣지 않는다는 말.

E

퇴고 推敲

밀**퇴** 두드릴**고**

〖풀이〗 문장을 다듬고 고친다는 뜻으로, 비슷한 표현이라도 어느 것이 더 적절한가를 여러 번 생각하고 살펴보는 것을 이르는 말.

투과득경 投瓜得瓊

던질 **투** 오이 **과** 얻을 **득** 옥 **경**

〖풀이〗 남에게 오이를 주고 구슬을 얻는다는 뜻으로, 사소한 선물로 값비싼 답례품을 받는 것을 말함.

투도보리 投桃報李

던질 **투** 복숭아나무 **도** 갚을 **보** 오얏나무 **리**

〖풀이〗 복숭아를 보내니 오얏으로 갚았다는 뜻으로, 친구 사이의 보답을 말함. 또 내가 덕을 행하면 남도 이를 따른다는 말.

투서기기 投鼠忌器

던질 **투** 쥐 **서** 꺼릴 **기** 그릇 **기**

〖풀이〗 쥐를 잡으려고 하다가 그릇을 깨뜨린다는 뜻으로, 밉기는 하지만 큰일을 그르칠까 염려하여 미워하지 못함을 이르는 말.

투편단류 投鞭斷流

던질 **투** 채찍 **편** 끊을 **단** 흐를 **류**

〖풀이〗 채찍을 던져 흐름을 끊는다는 뜻으로, 진용이 웅장하고 세력이 당당함을 비유하는 말.

투필종융 投筆從戎

던질 **투** 붓 **필** 좇을 **종** 군사 **융**

〖풀이〗 붓을 던지고 싸움터로 나간다는 뜻으로, 나라에 위기가 닥칠 때마다 젊은이들이 붓을 던지고 총을 들고 싸움터로 나간다는 말.

특립독행 特立獨行

홀로 **특** 설 **립** 홀로 **독** 다닐 **행**

〖풀이〗 자기가 믿는 바를 내세워 세속 밖에 혼자 우뚝 서서 소신대로 행동한다는 말.

파경 破鏡

깨뜨릴 **파** 거울 **경**

〖풀이〗 깨어진 거울을 뜻하며, 부부간에 금실이 좋지 않아 이별을 하거나 이혼하는 것을 비유하는 말.

파경부조 破鏡不照

깨뜨릴 **파** 거울 **경** 아닌가 **부** 비칠 **조**

〖풀이〗 깨진 거울은 다시 비추지 않는다는 뜻으로, 한번 헤어진 부부는 다시 결합하기 어렵다는 말.

파과지년 破瓜之年

깨뜨릴 **파** 오이 **과** 갈 **지** 해 **년**

〖풀이〗 오이를 깬다는 뜻으로, 여자 나이 18세를 말하며, 남자 나이 64세를 말한다.

파락호 破落戶

깨뜨릴 **파** 떨어질 **락** 집 **호**

〖풀이〗 몰락한 오래된 가문을 뜻함. 또는 돈이나 세력이 있는 집안의 자손으로서 마구잡이로 노는 건달이나 불량배를 말한다.

파란만장 波瀾萬丈

물결 **파** 물결 **란** 일만 **만** 길 **장**

〖풀이〗 물결의 기복이 심하듯이 일의 진행이나 상황의 기복과 변화가 심하다는 말.

파로대 罷露臺

그만둘 **파** 드러날 **로** 대 **대**

【풀이】 지붕이 없는 정자 만들기를 그만둔다는 뜻으로, 정자 하나를 만드는 예산이 열 집의 재산과 같으므로 그만 두었다는 것에서 유래하여 올바른 민심의 정치를 펼치는 것을 비유하는 말.

파부침선 破釜沈船

깨뜨릴 **파** 가마 **부** 가라앉을 **침** 배 **선**

【풀이】 출전에 앞서 병사들이 가마솥을 부수고 돌아갈 배도 가라앉힌다는 뜻으로, 죽기를 각오하고 싸움에 임함을 이르는 말.

파심중적난 把心中賊難

잡을 **파** 마음 **심** 가운데 **중** 도둑 **적** 어려울 **난**

【풀이】 마음속의 도적을 부수기 어렵다는 뜻으로, 그만큼 마음을 다스리기 어렵다는 말이다.

파안대소 破顔大笑

깨뜨릴 **파** 얼굴 **안** 큰 **대** 웃을 **소**

〖풀이〗 얼굴빛을 매우 부드럽게 하여 한바탕 크게 웃는 것을 말함.

파죽지세 破竹之勢

깨뜨릴 **파** 대 **죽** 갈 **지** 기세 **세**

〖풀이〗 대나무로 쪼개는 듯한 기세라는 뜻으로, 세력이 강대하여 감히 막을 수 없도록 거침없이 적을 물리치고 쳐들어가는 기세를 이르는 말.

파증불고 破甑不顧

깨뜨릴 **파** 질그릇 **증** 아닐 **불** 돌아볼 **고**

〖풀이〗 깨어진 시루는 돌아볼 필요가 없다는 뜻으로, 이미 돌이킬 수 없는 일을 가지고 아쉬워하거나 비통해할 필요는 없음을 이르는 말.

파천황 破天荒

깨뜨릴 **파** 하늘 **천** 거칠 **황**

【풀이】 천지가 아직 열리지 않은 때의 혼돈한 상태를 깨트리고 새로운 세상을 만든다는 뜻으로, 이전에 아무도 하지 못한 큰 일을 처음으로 시작함을 이르는 말.

팔방미인 八方美人

여덟 **팔** 모 **방** 아름다울 **미** 사람 **인**

【풀이】 어디로 보든지 아름다운 미인을 말함. 어떤 사람을 대해서든지 두루 곱게 행동하는 사람을 말함. 여러 방면에 능통한 사람을 말함.

팔징구징 八徵九徵

여덟 **팔** 징조 **징** 아홉 **구** 조짐 **징**

【풀이】 여덟 가지 징조와 아홉 가지 조짐이라는 뜻으로, 사람의 됨됨이를 알아보는 방법을 이르는 말.

패군지장불어병 敗軍之將不語兵

패할 **패** 군사 **군** 갈 **지** 장수 **장** 아닐 **불** 말씀 **어** 병사 **병**

〖풀이〗 싸움에 패한 장수는 병법에 대해 말하지 않는다는 뜻으로, 일단 실패한 자는 그 일에 대해 구구한 변명을 하지 않는다는 말.

패역무도 悖逆無道

어그러질 **패** 거스를 **역** 없을 **무** 길 **도**

〖풀이〗 도리에 어긋나고 흉악 불순하여 사람다운 점이 없다는 말.

편언절옥 片言折獄

조각 **편** 말씀 **언** 끊을 **절** 감옥 **옥**

〖풀이〗 한 쪽의 말을 듣고 송사를 해결한다는 뜻으로, 사람됨이 성실하거나 판결에 공정한 것을 일컫는 말.

편청생간 偏聽生姦

치우칠 **편** 들을 **청** 날 **생** 간사할 **간**

〖풀이〗 한쪽 이야기만을 듣고 일을 처리하면 좋지 않은 결과로 이어진다는 말.

평사낙안 平沙落雁

평평할 **평** 모래 **사** 떨어질 **락** 기러기 **안**

〖풀이〗 모래펄에 내려앉는 기러기라는 뜻으로, 글씨를 예쁘게 잘 쓰는 것을 비유하여 이르는 말.

평장우 平章雨

다스릴 **평** 문장 **장** 비 **우**

〖풀이〗 평장사 왕백승이 내리게 한 비라는 뜻으로, 백성들을 위해 노력하는 벼슬아치의 노고와 정성을 비유하는 말.

평지돌출 平地突出

평평할 **평** 땅 **지** 내밀 **돌** 나갈 **출**

〖풀이〗 평지에 난데없는 산이 우뚝 솟는다는 뜻으로, 변변하지 못한 집안에서 뛰어난 인물이 나옴을 비유하여 쓰는 말.

평지파란 平地波瀾

평평할 **평** 땅 **지** 물결 **파** 물결 **란**

〖풀이〗 평평한 땅에 파도가 일어난다는 뜻으로, 잘되던 일을 일부러 어렵게 만들거나 또는 분쟁을 일으킬 때 쓰는 말.

평지풍파 平地風波

평평할 **평** 땅 **지** 바람 **풍** 물결 **파**

〖풀이〗 고요한 땅에 바람과 물결을 일으킨다는 뜻으로, 공연한 일을 만들어 사태를 시끄럽게 만든다는 말.

팽두이숙 烹頭耳熟

삶을 **팽** 머리 **두** 귀 **이** 익을 **숙**

〖풀이〗 머리를 삶으면 귀까지 익는다는 뜻으로, 중요한 부분만 처리하면 남은 것은 따라서 저절로 해결된다는 말.

포락지형 炮烙之刑

통째로구울 **포** 지질 **락** 갈 **지** 형벌 **형**

〖풀이〗 기름칠한 구리기둥을 숯불위에 놓고 죄인이 건너가게 하여 떨어져 타죽게 하는 형벌로, 잔인하고 가혹한 형벌을 이르는 말.

포류지질 蒲柳之質

부들 **포** 버들 **류** 갈 **지** 바탕 **질**

〖풀이〗 갯버들 같은 체질이라는 뜻으로, 부들과 버들은 모두 잎이 일찍 떨어지는 특성이 있는데, 이처럼 사람이 빨리 늙는 것을 비유하는 말.

포벽유죄 抱壁有罪

가질 **포** 구슬 **벽** 있을 **유** 죄 **죄**

【풀이】 둥근 옥을 가지고 있으면 죄가 된다는 뜻으로, 값진 보물을 가지고 있으면 죄가 없어도 억울하게 화를 당하게 됨을 이르는 말.

포복절도 抱腹絶倒

안을 **포** 배 **복** 끊어질 **절** 넘어질 **도**

【풀이】 몹시 우스워서 참을 수가 없어 배를 안고 웃는다는 말.

포식난의 飽食暖衣

배부를 **포** 먹을 **식** 따뜻할 **난** 옷 **의**

【풀이】 배부르게 먹고 따뜻하게 옷을 입는다는 뜻으로, 먹고 입는 것이 넉넉함을 이르는 말.

포식당육 飽食當肉

배부를 **포** 먹을 **식** 마땅할 **당** 고기 **육**

【풀이】 배가 부를 때 고기를 본 것처럼 관심이나 흥미가 없음을 비유하여 이르는 말.

포신구화 抱薪救火

안을 **포** 섶나무 **신** 건질 **구** 불 **화**

【풀이】 불을 끄는데 섶을 안고 불 속으로 들어간다는 뜻으로, 해를 없애려다가 도리어 그 해를 더 크게 한다는 비유의 말.

포의지우 布衣之友

베 **포** 옷 **의** 갈 **지** 벗 **우**

【풀이】 구차하고 보잘것없을 때 사귄 벗을 뜻하며, 신분이나 빈부의 차이를 극복하고 진정한 우정으로 사귀는 친구를 말함.

포호빙하 暴虎憑河

사나울**포** 범**호** 업신여길**빙** 물이름**하**

【풀이】 맨손으로 호랑이를 잡으려 하고, 걸어서 황하를 건넌다는 뜻으로, 용기는 있으나 지혜가 없는 무모함을 비유하는 말.

표동벌이 標同伐異

표**표** 함께**동** 칠**벌** 다를**이**

【풀이】 나와 같은 자는 보호하고 나와 다른 자는 공격함을 이르는 말.

표사유피 인사유명 豹死留皮 人死留名

표범**표** 죽을**사** 남길**유** 가죽**피** 사람**인** 죽을**사** 남길**유** 이름**명**

【풀이】 표범은 죽어서 가죽을 남기고 사람은 죽어서 이름을 남긴다는 뜻으로, 사람은 마땅히 좋은 일을 하여 훌륭한 이름을 후세에까지 끼쳐야 한다는 말.

풍림화산 風林火山

바람**풍** 수풀**림** 불**화** 산**산**

【풀이】 바람·수풀·불·산처럼 적을 엄습해서 공략한다는 뜻으로, 어떤 기회가 왔을 때 이를 가장 적절하게 이용하여 승리로 이끄는 것을 말한다.

풍마우불상급 風馬牛不相及

바람**풍** 말**마** 소**우** 아닐**불** 서로**상** 미칠**급**

【풀이】 암내난 말이나 소가 짝을 구하나 멀리 있어서 미치지 못한다는 뜻으로, 서로 멀리 떨어져 있거나 또는 전혀 관계가 없음을 이르는 말.

풍불명지 風不鳴枝

바람**풍** 아닐**불** 울**명** 가지**지**

【풀이】 부는 바람도 가지가 울지 않도록 조용히 분다는 뜻으로, 세상이 무사태평함을 비유하는 말.

풍성학려 風聲鶴唳

바람 **풍** 소리 **성** 학 **학** 학울 **려**

〖풀이〗 바람소리와 학의 울음소리를 뜻하는 것으로, 어떤 일에 크게 놀란 나머지 신경이 날카로워져 작은 소리나 하찮은 일에도 몹시 겁을 먹는 사람을 이르는 말.

풍수지탄 風樹之嘆

바람 **풍** 나무 **수** 갈 **지** 탄식할 **탄**

〖풀이〗 바람과 나무의 탄식이란 뜻으로, 효도를 다하지 못한 자식의 슬픔을 비유하는 말. 부모가 살아 있을 때 효도하지 않으면 뒤에 한탄하게 된다는 말.

풍전등화 風前燈火

바람 **풍** 앞 **전** 등잔 **등** 불 **화**

〖풀이〗 바람 앞의 등불이란 뜻으로, 사물이 매우 위급한 지경에 놓여 있음을 비유하여 이르는 말.

풍정낭식 風定浪息

바람 **풍** 정할 **정** 물결 **낭** 숨쉴 **식**

【풀이】 바람이 자고 파도가 잔잔해진다는 뜻으로, 들떠서 어수선하거나 어지럽던 것이 가라앉음을 비유하여 이르는 말.

피갱낙정 避坑落井

피할 **피** 구덩이 **갱** 떨어질 **낙** 우물 **정**

【풀이】 구멍을 피하다가 우물에 빠진다는 뜻으로, 한 가지 일에만 신경을 쓰다가 위험한 지경에 빠진다는 말.

피골상접 皮骨相接

가죽 **피** 뼈 **골** 서로 **상** 사귈 **접**

【풀이】 살가죽과 뼈가 서로 맞붙을 정도로 몸이 몹시 말랐다는 말.

피마불외편추 疲馬不畏鞭箠

지칠 **피** 말 **마** 아닐 **불** 두려워할 **외** 채찍 **편** 채찍 **추**

〖풀이〗 가난에 굶주린 사람은 어떤 형벌도 두려워하지 않고, 어떤 나쁜 짓이라도 서슴없이 저지른다는 것을 말함.

피지부존 모장안부 皮之不存 毛將安附

가죽 **피** 갈 **지** 아닐 **불** 있을 **존** 털 **모** 장차 **장** 편안할 **안** 붙을 **부**

〖풀이〗 가죽이 없는데 털이 어찌 붙을 수 있겠는가라는 뜻으로, 평소 친분이 없으면 조금의 도움도 받을 수 없다는 말.

필부무죄 匹夫無罪

짝 **필** 남편 **부** 없을 **무** 허물 **죄**

〖풀이〗 보통 사람은 죄가 없다는 뜻으로, 착한 사람일지라도 자기 신분에 어울리지 않는 귀한 물건을 갖고 있으면 재앙을 부르게 된다는 역설적인 뜻이 숨겨져 있음을 말한다.

필부지용 匹夫之勇

짝**필** 남편**부** 갈**지** 용감할**용**

〖풀이〗 평범한 사나이의 용기를 뜻하며, 좁은 소견을 갖고 함부로 날뛰는 행동을 하는 것을 말함.

필사즉생 필생즉사 必死則生 必生則死

반드시**필** 죽을**사** 곧**즉** 날**생** 반드시**필** 날**생** 곧**즉** 죽을**사**

〖풀이〗 죽기로 싸우면 반드시 살고 살려고 비겁하게 굴면 반드시 죽는다는 뜻으로, 위기에 처한 나라를 구하려는 충신의 각오를 토로한 말.

필지어서 筆之於書

붓**필** 갈**지** 어조사**어** 글**서**

〖풀이〗 확인이나 또는 잊어버리지 않기 위해 글로 써 두는 것을 말함.

하동사후 河東獅吼

물이름 **하** 동녘 **동** 사자 **사** 사자우는소리 **후**

〖풀이〗 하동 땅 사자가 운다는 뜻으로, 남편이 아내를 두려워함을 비웃어 이르는 말.

하로동선 夏爐冬扇

여름 **하** 화로 **로** 겨울 **동** 부채 **선**

〖풀이〗 여름의 화로와 겨울의 부채라는 뜻으로, 철에 맞지 않는 물건 또는 격에 어울리지 않는 물건을 이르는 말.

하면목견지 何面目見之

어찌 **하** 얼굴 **면** 눈 **목** 볼 **견** 갈 **지**

【풀이】 '무슨 면목으로 사람들을 대하랴' 하는 뜻으로, 사람들 볼 면목이 없다는 말.

하불실 下不失

아래 **하** 아닐 **불** 잃을 **실**

【풀이】 아무리 적어도 적은 대로의 그만한 희망은 있다는 말.

하석상대 下石上臺

아래 **하** 돌 **석** 위 **상** 대 **대**

【풀이】 아랫돌 빼서 윗돌 괴고 윗돌 빼서 아랫돌 괸다는 뜻으로, 임시 변통으로 이리저리 둘러 맞춤을 일컫는 말.

하수견호행방도 河水見狐行方渡

강이름**하** 물**수** 볼**견** 여우**호** 다닐**행** 모**방** 건널**도**

〖풀이〗 강이 얼어붙었을 때는 여우가 건너가는 것을 보고 사람이나 말이 건넌다는 뜻. 여우는 의심이 많아 안전을 확인한 후에 행동한다는 데서 신중하고 안전하게 일을 해야 함을 말함.

하우불이 下愚不移

아래**하** 어리석을**우** 아닐**부** 바꿀**이**

〖풀이〗 어리석은 사람은 아무리 타이르거나 가르쳐 주어도 마음이 움직이지 않음을 일컫는 말.

하학상달 下學上達

아래**하** 배울**학** 위**상** 통달할**달**

〖풀이〗 아래서 배우고 위에서 통달한다는 뜻으로, 학문이란 배우기 쉬운 것부터 배워서 점점 어려운 것을 배우는 방법이 좋다는 것이다.

학구소붕 鷽鳩笑鵬

메까치 **학** 비둘기 **구** 웃을 **소** 대붕새 **붕**

〖풀이〗 비둘기와 같이 작은 새가 큰 붕새를 보고 웃는다는 뜻으로, 되지 못한 소인이 위인의 업적과 행위를 보고 비웃음을 말함.

학명우구고성문우천 鶴鳴于九皐聲聞于天

학 **학** 울 **명** 어조사 **우** 아홉 **구** 부르는소리 **구** 소리 **성** 들을 **문** 어조사 **우** 하늘 **천**

〖풀이〗 학은 깊은 산 속의 늪에서 울어도 그 소리는 하늘까지 들린다는 뜻으로, 인격이 훌륭한 사람은 반드시 그 명성이 세상에 알려지게 되어 있다는 말.

학불염이교불권 學不厭而敎不倦

배울 **학** 아닐 **불** 싫을 **여** 말이을 **이** 가르칠 **교** 아닐 **불** 게으를 **권**

〖풀이〗 배울 때는 싫증을 내지 않고 가르칠 때는 게으름을 피우지 않는다는 뜻으로, 제자와 스승으로서 최선을 다하는 것을 비유하는 말.

학여불급 學如不及

배울 **학** 같을 **여** 아닐 **불** 미칠 **급**

〖풀이〗 공부는 미친 듯 쉬지 않고 열심히 노력해야 한다는 말.

학이불사즉망 學而不思則罔

배울 **학** 말이을 **이** 아닐 **불** 생각할 **사** 곧 **즉** 그물 **망**

〖풀이〗 스승으로부터 가르침을 받는 것만으로 만족을 하고 자기 스스로의 학문을 게을리 하면 그물에 갇힌 듯이 더 이상의 발전이 없음을 뜻하고, 진정한 지식과 학문을 취득할 수 없다는 것을 말함.

학자여우모성자여인각 學者如牛毛成者如麟角

배울 **학** 놈 **자** 같을 **여** 소 **우** 털 **모** 이룰 **성** 놈 **자** 같을 **여** 기린 **인** 뿔 **각**

〖풀이〗 배우는 사람은 소의 털같이 대단히 많으나 그 배움을 성취하는 사람은 기린의 뿔과 같이 아주 드물다는 말.

학철지부 涸轍之鮒

물마를 **학** 바퀴자국 **철** 갈 **지** 붕어 **부**

〖풀이〗 수레바퀴 자국에 고인 물속에 있는 물고기라는 뜻으로, 곤궁에 빠지거나 궁지에 처해 있으면서도 눈앞의 이익에 눈멀어 있는 사람을 비유하는 말.

한단지몽 邯鄲之夢

조나라 **한** 조나라 **단** 갈 **지** 꿈 **몽**

〖풀이〗 한단에서 꾼 꿈이라는 뜻으로, 인생의 부귀영화가 뜬구름처럼 덧없음을 이르는 말.

한단지보 邯鄲之步

서울 **한** 서울 **단** 갈 **지** 걸음 **보**

〖풀이〗 한단의 걸음걸이를 배운다는 뜻으로, 제 분수를 모르고 무턱대고 남을 흉내 내다가 모든 것을 잃음을 비유하는 말.

한마지로 汗馬之勞

땀한 말마 갈지 일할로

〖풀이〗 싸움터에서 말을 달려 싸운 공로라는 뜻으로, 싸움에 이긴 공로를 말함. 또한 말에다 무거운 짐을 지워서 운반시키는 것과 같은 노동의 뜻으로도 쓰인다.

한신출과하 韓信出袴下

나라이름한 믿을신 나갈출 사타구니과 아래하

〖풀이〗 한신이 기어서 남의 가랑이 밑을 빠져 나갔다는 뜻으로, 굴욕을 참고 쓸데없는 일에 실랑이를 벌이지 않는다는 말.

한우충동 汗牛充棟

땀한 소우 찰충 용마루동

〖풀이〗 짐으로 실으면 소가 땀을 흘리고 쌓으면 들보까지 가득 찬다는 뜻으로, 책이 매우 많음을 이르는 말.

한운야학 閑雲野鶴

한가할 **한** 구름 **운** 들 **야** 학 **학**

〖풀이〗 허공에 떠 있는 구름과 들에 노는 학처럼 아무 구속도 받지 않는 자유로운 생활을 말함.

한자이수갈 寒者利裋褐

찰 **한** 놈 **자** 날카로울 **이** 해진옷 **수** 털옷 **갈**

〖풀이〗 추위에 떨고 있는 사람은 짧은 반소매의 허름한 옷이라도 입는다는 뜻으로, 사람이 곤궁에 처해 있을 때에는 찬밥 더운밥을 가리지 않는다는 말.

할고이담복 割股以啖腹

나눌 **할** 넓적다리 **고** 써 **이** 먹을 **담** 배 **복**

〖풀이〗 자기의 허벅다리 살점을 도려내어 자기 배를 채운다는 뜻으로, 결국은 자기에게 손해가 되는 일을 함의 비유.

ㅎ

할석분좌 割席分坐

가를 **할** 자리 **석** 나눌 **분** 앉을 **좌**

【풀이】 자리를 갈라 나누어 앉는다는 뜻으로, 친구 사이에 뜻이 맞지 않아 절교하고 함께 하지 않음을 이르는 말.

함흥차사 咸興差使

다 **함** 일 **흥** 어긋날 **차** 하여금 **사**

【풀이】 심부름을 가서 돌아오지 않거나 아무 소식이 없을 때 쓰는 말로, 임금 자리를 물려주고 함흥으로 가버린 뒤 태종이 사신을 보내면 죽이거나 가두어 돌려보내지 않는 것에서 유래.

합종연형 合從連衡

합할 **합** 좇을 **종** 잇닿을 **연** 저울대 **형**

【풀이】 나라의 안전을 도모하기 위해 펼치는 계책을 뜻하는 말로, 연합하여 싸울 것이냐 아니면 동맹 할 것인가란 말.

합포주환 合浦珠還

합할 **합** 포구 **포** 구슬 **주** 돌아올 **환**

〖풀이〗 합포에 진주가 돌아온다는 뜻으로, 한 번 잃어버렸던 물건을 다시 찾게 되거나 떠났던 사람들이 다시 되돌아오는 것을 말한다.

항룡유회 亢龍有悔

목 **항** 용 **룡** 있을 **유** 뉘우칠 **회**

〖풀이〗 하늘 끝까지 올라간 용이 내려갈 길밖에 없음을 후회한다는 뜻으로, 욕심의 한계가 없으면 반드시 후회하게 된다는 말.

해고견저 海枯見底

바다 **해** 마를 **고** 볼 **견** 밑 **저**

〖풀이〗 바닷물이 말라야 바닥을 볼 수 있듯이 사람의 마음도 평소에는 알 수 없다는 말.

해로동혈 偕老同穴

함께 **해** 늙은이 **로** 한가지 **동** 구멍 **혈**

〖풀이〗 살아서는 함께 늙고 죽어서는 같은 무덤에 묻힌다는 뜻으로, 생사를 같이하는 부부의 사랑과 맹세를 뜻하는 말.

해어지화 解語之花

풀 **해** 말씀 **어** 갈 **지** 꽃 **화**

〖풀이〗 말을 알아듣는 꽃이라는 뜻으로, 미인을 비유하는 말로 쓰인다. 또한 화류계의 여인을 일컫는다.

해의추식 解衣推食

풀 **해** 옷 **의** 옮을 **추** 밥 **식**

〖풀이〗 자기의 밥과 입고 있는 옷을 불쌍한 사람에게 준다는 뜻으로, 은혜를 베푸는 것을 말함.

행운유수 行雲流水

다닐**행** 구름**운** 흐를**유** 물**수**

【풀이】 떠가는 구름과 흐르는 물이란 뜻으로, 일의 처리에 막힘이 없거나 마음씨가 시원시원함을 비유한 말.

허실생백 虛室生白

빌**허** 집**실** 날**생** 흰**백**

【풀이】 아무것도 놓여 있지 않은 방을 열면 저절로 햇빛이 풍부하게 든다는 것을 말함. 또한 그 어떤 사물에 얽매이지 않고 무념무상에 들면 진리에 도달할 수 있다는 말로도 쓰인다.

허장성세 虛張聲勢

빌**허** 베풀**장** 목소리**성** 세력**세**

【풀이】 진실된 것은 하나도 없으면서 해세만 떠벌리는 것을 말함.

헌폭지침 獻曝之忱

바칠 **헌** 쬘 **폭** 갈 **지** 정성 **침**

〖풀이〗 햇볕을 선물로 바치는 정성이라는 뜻으로, 남에게 선물을 할 때 겸손한 표정을 이르는 말.

현두자고 縣頭刺股

매달 **현** 머리 **두** 찌를 **자** 넓적다리 **고**

〖풀이〗 머리를 노끈으로 묶어 높이 걸어 잠을 깨우고 또 허벅다리를 찔러서 잠을 깨운다는 뜻으로, 학업에 매우 힘쓰는 것을 말함.

현모양처 賢母良妻

어질 **현** 어머니 **모** 어질 **양** 아내 **처**

〖풀이〗 자식에게는 어진 어머니이고 남편에게는 착한 아내라는 말.

현하구변 懸河口辯

매달 **현** 강이름 **하** 입 **구** 말잘할 **변**

〖풀이〗 물이 세차게 흐르듯 거림낌없이 유창하게 말을 잘 하는 것을 비유하는 말.

혈구지도 絜矩之道

헤아릴 **혈** 곡척 **구** 갈 **지** 길 **도**

〖풀이〗 곡척(曲尺)을 재는 방법을 뜻하며, 자신의 마음을 가지고 남의 마음을 짐작하기 때문에 어떠한 경우에도 헤아리는 것이 분명함을 이르는 말.

협견첨소 脇肩諂笑

겨드랑이 **협** 어깨 **견** 아첨할 **첨** 웃음 **소**

〖풀이〗 어깨를 으쓱거리며 간사하게 웃는다는 뜻으로, 아부하는 모양을 비유하는 말.

협력동심 協力同心

도울**협** 힘**력** 한가지**동** 마음**심**

〖풀이〗 큰일을 이루기 위해서는 마음을 함께 하고 힘을 합해야만 한다는 것을 말함.

형명참동 形名參同

모양**형** 이름**명** 간여할**참** 한가지**동**

〖풀이〗 신하를 평가하는데 있어서는 말과 행동이 일치하는지를 기준으로하여 상과 벌을 결정해야 한다는 말.

형설지공 螢雪之攻

개똥벌레**형** 눈**설** 갈**지** 공**공**

〖풀이〗 반딧불의 불빛과 눈 내린 밤의 눈빛으로 공부한 보람을 뜻하며, 가난한 환경에서도 열심히 공부하여 성공하는 것을 말한다.

형영상조 形影相弔

모양**형** 그림자**영** 서로**상** 조상할**조**

【풀이】 자기의 몸과 그림자가 서로 불쌍히 여긴다는 뜻으로, 고독하며 의지할 사람도 없고 또한 찾아오는 사람도 없어 혼자 몹시 외로워하는 것을 말함.

호가호위 狐假虎威

여우**호** 빌릴**가** 범**호** 위세**위**

【풀이】 여우가 호랑이의 위세를 빌려 다른 짐승을 놀라게 한다는 뜻으로, 남의 권세를 빌려 위세를 부림을 비유하는 말.

호구지계 狐丘之誡

여우**호** 언덕**구** 갈**지** 경계할**계**

【풀이】 호구의 경계를 뜻하며, 다른 이들로부터 원망을 사는 일이 없도록 특별히 조심하라는 말.

호구지책 糊口之策

풀칠할 **호** 입 **구** 갈 **지** 꾀 **책**

〖풀이〗 빈곤한 생활에서 그저 겨우 먹고 살아가는 방책을 이르는 말.

호모부가 毫毛斧柯

가늘털 **호** 털 **모** 도끼 **부** 자루 **가**

〖풀이〗 수목(樹木)을 어릴 때 베지 않으면 나중에 도끼를 사용하는 노력이 필요하게 된다는 뜻으로, 화근은 크기 전에 예방해야 함을 비유한 말.

호사유피 인사유명 虎死留皮 人死留名

범 **호** 죽을 **사** 남길 **유** 가죽 **피** 사람 **인** 죽을 **사** 남길 **유** 이름 **명**

〖풀이〗 호랑이는 죽어서 가죽을 남기고, 사람은 죽어서 이름을 남긴다는 뜻으로, 사람에게는 재물보다도 명예가 소중함을 비유한 것이다.

호손사아 壺飧食餓

병 **호** 저녁밥 **손** 먹일 **사** 주릴 **아**

【풀이】 물을 만 밥을 항아리에 넣어 배고픈 사람들에게 베풀어 준다는 뜻으로, 남을 돕는 사람은 반드시 그 보답을 받는다는 말.

호손입포대 猢猻入布袋

원숭이 **호** 호숭이 **손** 들어갈 **입** 베 **포** 주머니 **대**

【풀이】 원숭이가 포대에 들어간다는 뜻으로, 구속·제약·제어를 받거나 자유롭지 못한 경우를 비유하는 말.

호시탐탐 虎視眈眈

범 **호** 볼 **시** 즐길 **탐** 즐길 **탐**

【풀이】 호랑이가 노려보듯 바라본다는 뜻으로, 어떤 일에 대비하여 한 치의 방심도 하지 않는 모습을 일컫는다.

호연지기 浩然之氣

클 **호** 그러할 **연** 갈 **지** 기운 **기**

〖풀이〗 하늘과 땅 사이에 가득 찬 넓고 큰 기운을 뜻하며, 공명정대하여 한 점의 부끄러움이 없는 도덕적 용기를 말하며, 모든 집착에서 벗어난 자유롭고 즐거운 마음을 일컫는 말.

호위인사 好爲人師

좋을 **호** 할 **위** 사람 **인** 스승 **사**

〖풀이〗 조금이라도 아는 것이 있으면 잘난 체하고 항상 남의 스승이 되어 가르치기를 좋아한다는 말.

홀륜탄조 囫圇呑棗

덩어리질 **홀** 덩어리질 **륜** 삼킬 **탄** 대추 **조**

〖풀이〗 대추를 통째로 삼킨다는 뜻으로, 글이나 책의 뜻을 깊이 살피지 않거나 먹어도 소화가 되지 않는 것을 비유하는 말.

홍익인간 弘益人間

넓을 **홍** 더할 **익** 사람 **인** 사이 **간**

〖풀이〗 널리 인간 세상을 이롭게 한다는 뜻으로, 우리의 국조 단군의 개국이념이면서 우리 교육의 지표이기도 한 말이다.

홍일점 紅一點

붉을 **홍** 한 **일** 점 **점**

〖풀이〗 유일하게 핀 붉은 꽃이라는 뜻으로, 많은 남자들 가운데 여성이 혼자 끼어 있을 때 쓰이는 말.

화광동진 和光同塵

온화할 **화** 빛 **광** 한가지 **동** 먼지 **진**

〖풀이〗 빛을 감추고 속세의 티끌과 같이 한다는 뜻으로, 자기의 재주와 덕을 감추고 속세의 사람들과 어울림을 이르는 말.

화룡점정 畫龍點睛

그림 **화** 용 **룡** 찍을 **점** 눈동자 **정**

〖풀이〗 용을 그린 뒤에 눈동자에 점을 찍는다는 뜻으로, 어떤 일을 하는데 가장 중요한 부분을 끝내어 완성시킴을 이르는 말.

화서지몽 華胥之夢

꽃 **화** 서로 **서** 갈 **지** 꿈 **몽**

〖풀이〗 화서에서 꾼 꿈을 뜻하며, 좋은 꿈을 꾸는 것을 말한다.

화호유구 畫虎類狗

그림 **화** 범 **호** 같을 **유** 개 **구**

〖풀이〗 호랑이를 그리려다가 개를 그린다는 뜻으로, 서툰 솜씨로 남의 말과 행동을 흉내 내려고 하거나, 어려운 일을 하려다가 도리어 잘못됨을 비유하는 말.

환골탈태 換骨奪胎

바꿀 **환** 뼈 **골** 빼앗을 **탈** 태 **태**

【풀이】 뼈를 바꾸고 태를 멀리 한다는 뜻으로, 용모가 환하게 트이고 아름다워져서 전혀 딴 사람처럼 되거나 또는 시문(詩文)을 모방하여 지었으나 짜임새와 수법이 먼저 것보다 잘 되었음을 이르는 말.

황당무계 荒唐無稽

거칠 **황** 당나라 **당** 없을 **무** 머무를 **계**

【풀이】 말이나 행동이 터무니없고 허황하여 믿기 어렵다는 말.

회자부적 懷刺不適

품을 **회** 명함 **자** 아닐 **부** 갈 **적**

【풀이】 명함을 품고 다녔으나 아무도 만날 수 없다는 뜻으로, 존경할 만한 사람을 만나지 못했거나 만날 수 없는 경우를 이르는 말.

회자인구 膾炙人口

날고기 **회** 구운고기 **자** 사람 **인** 입 **구**

〖풀이〗 회와 고기구이를 뜻하는 것으로, 칭찬이 자자하여 사람들의 입에서 널리 퍼져나감을 이르는 말.

효시 嚆矢

외칠 **효** 화살 **시**

〖풀이〗 우는 화살을 뜻하며, 옛날에는 먼저 우는 화살을 쏘아 군사들에게 싸움의 시작을 알렸다는 유래에서 나온 말로 온갖 사물이 나온 맨 처음을 일컫는 말.

후목난조 朽木難雕

썩을 **후** 나무 **목** 어려울 **난** 새길 **조**

〖풀이〗 썩은 나무는 새기기가 어렵다는 뜻으로, 앞날이 캄캄하거나 가르칠 만한 가치가 없는 사람을 일컫는 말.

후생가외 後生可畏

뒤**후** 날**생** 옳을**가** 두려워할**외**

〖풀이〗 후배들을 두려워할 만하다는 뜻으로, 젊은 세대들의 무한한 잠재력을 가지고 발전해 오는 것을 비유하는 말.

휘막여심 諱莫如深

피할**휘** 없을**막** 어조사**여** 깊을**심**

〖풀이〗 남이 모르게 깊숙이 감춘다는 뜻으로, 남들이 알까 두려워 깊숙하게 감춘다는 말.

휴척상관 休戚相觀

좋을**휴** 근심할**척** 서로**상** 빗장**관**

〖풀이〗 안락과 근심걱정을 같이 한다는 뜻으로, 어떤 어려움이 있더라도 생사고락을 같이함을 이르는 말.

고사성어 & 사자성어

펴 낸 이 · 윤 정 섭
엮 은 이 · 김 호 인
펴 낸 곳 · 도서출판 윤미디어
등록일자 · 1993년 9월 21일
주 소 · 서울시 중랑구 묵2동 238-32호
전 화 · 972-1474
팩 스 · 979-7605

E-mail yunmedia93@yahoo.co.kr